1906—1908
DISCOVERY OF
DUNHUANG LIBRARY CAVE

主编：巫新华

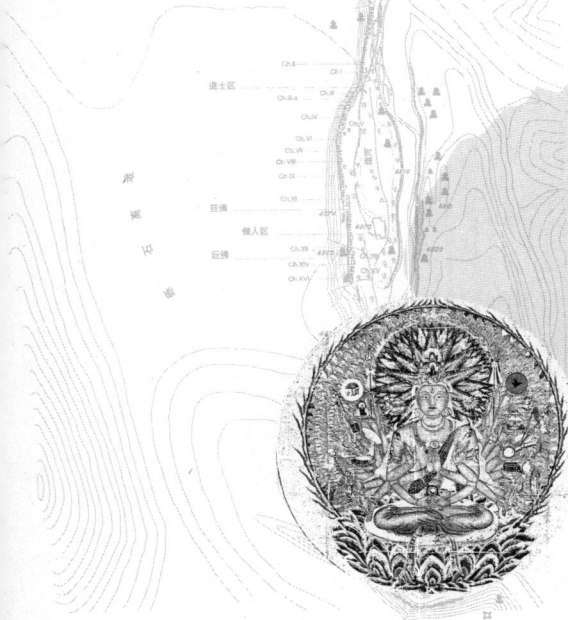

西域游历丛书
08

发现藏经洞

SIR AUREL STEIN

[英]奥雷尔·斯坦因 著

姜波 秦立彦 译

GUANGXI NORMAL UNIVERSITY PRESS
广西师范大学出版社
·桂林·

发现藏经洞

FAXIAN CANGJINGDONG

图书在版编目（CIP）数据

发现藏经洞 / （英）奥雷尔·斯坦因著；姜波，
秦立彦译．—2 版．—桂林：广西师范大学出版社，
2020.4（2023.9 重印）
（西域游历丛书）
ISBN 978-7-5598-2718-0

Ⅰ．①发… Ⅱ．①奥…②姜…③秦… Ⅲ．①敦煌
石窟－史料－研究 Ⅳ．①K879.214

中国版本图书馆 CIP 数据核字（2020）第 047853 号

广西师范大学出版社出版发行

（广西桂林市五里店路 9 号　邮政编码：541004）
（网址：http://www.bbtpress.com）
出版人：黄轩庄
全国新华书店经销
广西广大印务有限责任公司印刷
（桂林市临桂区秧塘工业园西城大道北侧广西师范大学出版社
集团有限公司创意产业园内　邮政编码：541199）
开本：787 mm × 1 092 mm　1/32
印张：9.75　　字数：210 千
2020 年 4 月第 2 版　　2023 年 9 月第 3 次印刷
印数：10 001~12 000 册　　定价：56.00 元

出版说明

1900—1901年、1906—1908年、1913—1916年，英国人奥雷尔·斯坦因先后到我国新疆及河西地区进行考古探险，并先后出版了这三次考古报告：《古代和田——中国新疆考古发掘的详细报告》《西域考古图记》《亚洲腹地考古图记》。这三部著作是斯坦因的代表作，较全面地记述了我国新疆汉唐时期的遗迹和遗物，以及敦煌石窟宝藏与千佛洞佛教艺术，揭开了该地区古代文明面貌和中西文明交流融合的神秘面纱。此外，斯坦因还详细描述了深居亚洲腹地的中国新疆和河西地区的自然环境，以及山川、大漠、戈壁、雅丹、盐壳等地貌的种种奇妙景观。斯坦因的著作为人们打开了此前"未知世界"的大门，当时在国际上引起了巨大轰动，西方列强的学者们对此垂涎欲滴，纷至沓来，形形色色的探险家也紧随其后，蜂拥而至。

斯坦因的这三次考古探险活动，足迹遍布塔里木盆地、吐鲁番盆地和天山以北东部地区，所到之处，几乎盗掘了我国汉唐时期所有重要的古遗址和遗迹，对遗址和遗迹造成了严重破坏，所出文物也几乎被席卷一空，并运往英属印度和英国本土。此外，斯坦因在河西敦煌以及内蒙古额济纳旗黑城等地也进行了大肆的盗掘和劫掠，其中尤以对敦煌石窟宝藏的劫掠最为臭名昭著。可以说，在20世纪30年代之前，斯坦因是我国西部地区古遗址最大的盗掘者和破坏者，是劫掠中国古代文物的第一大盗。斯坦因的上述著作是西方列强侵犯我国主权的铁证，同时也为那段令国人屈辱的历史留下了真实的记录。因此，我们在阅读斯坦因上述著作时，一定要牢记惨痛历史，勿忘国耻。

斯坦因上述三次考古报告都是综合性的学术性专著。为了方便一般读者更多地了解斯坦因在我国塔里木盆地、吐鲁番盆地和天山以北东部以及河西敦煌等地区的发掘工作和搜集文物的情况，我们对上述三次考古报告原著做了一些技术性处理，即删除了一些专业性特别强的内容，将插图进行适当调整并重新编序等。

本册出自《西域考古图记》：因地震发现莫高窟藏经洞后，其价值一直不为外界所知。1907年5月，斯坦因利用各种手段，骗取了王道士的信任，骗走了藏经洞里1万多卷经书写本，500多幅绘画，230多捆手稿。

目　录

第一章

千佛洞

第一节　遗址概述

　　1907年5月15日，我结束了对汉代长城和烽燧遗址的考察，重返敦煌绿洲。对汉代长城烽燧的调查取得了累累硕果，令人感到振奋。自此以后，我便可以全身心地投身到对敦煌石窟寺（千佛洞）的考察中，这同样是一件令人心情愉快的事。千佛洞位于敦煌东南部光秃秃的一座山脚下，是我考察伊始就已确定的目标之一。这年的3月我曾造访此。尽管来去匆匆，但敦煌石窟的佛教造像和洞窟壁画仍给我留下了深刻印象，它们的艺术价值和考古学价值使我大为折服。五年前，拉乔斯·洛克齐（匈牙利地质学家，1879年曾到过敦煌探险——译者）先生对它们的赞誉之辞毫不为过。对我而言，最有吸引力的还是那个出土大量古代写卷

图1　敦煌千佛洞全景

的密室。几年前一个偶然的机会，人们在这里发现了大量的古代写卷。我抵达千佛洞以后，先是被一些事务性的琐事耽搁了一阵，后来由于这里一年一度的朝圣活动又迁延了更长的一段时间，成千上万的信徒从四面八方向这里涌来，使得我的考察活动不得不推迟。这样，直到5月21日，我才在这里支起了帐篷，开始我的考察工作。

我在千佛洞的考察紧张忙碌地进行了三个星期。在介绍考察经过和收获之前，这里有必要先将这一重要遗址的特征和概况作一介绍。

千佛洞谷位于敦煌东南约10英里的地方，它是疏勒河盆地的

一处沙漠山谷。山谷口宽约1.5英里，往里缩成了一条窄窄的峡谷。一条不知名的小河穿过低矮的山峦向北流去。这条小河在很早以前的地质时代就已形成，由较高一些的南山余脉上的山泉汇集而成。山谷西部的山坡上满是流动的沙丘，向西一直延伸到党河，这便是敦煌绿洲的南缘。后来历史上的"沙州"就是得名于此。站在西部新近形成的高大沙丘上，可以俯视千佛洞山谷，从图1的背景中可以看见这些高大的沙丘。山谷的东部也是低矮荒凉的山丘，已经风化的山坡岩面全是光秃秃的。由于冰川的作用，山脚下形成了平整的沙砾地面。

　　沿着从敦煌过来的马车道进入这宁静的山谷，走了不到1英里，敦煌石窟最北端的一组洞窟（北区洞窟）就呈现在眼前。这里地势仍很开阔，洞窟就开凿在河床西面的悬崖上。山脚的那条小河，因为水分蒸发过多，到达这里时已完全干涸，宽广的河床上只能见到满目的沙砾。只有在偶尔发生的洪水到来时，河床里才有水流。这组凿在阴暗崖面上的黑森森的洞窟，远远望去，鳞次栉比，如同蜂巢一般。洞窟的规模都不是太大，排列有序，向上一直到达高出河床50~60英尺的岩面上。崖面上原本有通向这些洞窟的通道，由于岩面崩塌，现多已荡然无存。山体之所以崩塌，一方面是由于北面吹来的风的风蚀，一方面是由于崖脚洪水的不断冲刷。在距这组石窟近500码的地方，崖面上还孤零零地保留着一截廊道和台阶，显然是当时攀登石窟的设施。第二组石窟的情况与第一组大体相似，它比第一组石窟高出约150码。这两组石窟，一方面由于时间上来不及，另一方面也由于无法攀登，我没能够爬上去作仔细的观察。但有证据表明，它们的开凿年代似乎偏晚。这些洞窟绝大部分都很小，而且大多没有壁画，看来属于僧人居住的洞窟的可能性比较大。这些阴暗的洞窟不禁使人联想到西方舍贝斯隐士们穴居的洞穴来。

敦煌石窟的主体部分在南区，其情形与北区的洞窟有很大的不同。前者沿着逐渐抬升的陡峭山壁绵延了约1 000码。图1展示的是其全景，它差不多摄下了敦煌主体石窟的南北宽度。这张照片拍摄地点是河滩对面（东南面）的戈壁上。山脚耕地上的榆木丛挡住了位置较低一些的石窟。不过，就是站到山脚近处，也很难看出这组石窟的总体特点和布局情况。这组石窟为数众多，布局上也显得无章可循。它们的分布事先似乎并没有一个通盘的规划，所以对它们进行明确的分组很难。

在敦煌石窟陡峭的悬崖上，不间断地排满了洞窟，高高低低，密密麻麻，有时甚至是一个叠着一个。洞窟的数量与其位置的高低并无必然的联系。从图1中可以看出，在敦煌石窟群的最南端和最北端，今天所能见到的洞窟都只有一排。而其他地点的洞窟，如图2所示，则上下往往多至四五排。只有在 Ch.IX 窟附近的崖面上（图2），以及两个大型洞窟之间的崖面上（图3），才可以看出洞窟是按层来分布。这两个洞窟里面都有高大的坐佛像，它们自成一体，看不出它们属于哪一排，因为洞窟的规模太大。坐佛像用黏土做成，空腔，高近90英尺。大窟周围开凿了许多明窗，以便采光。

洞窟像座（坛基）前面往往凿出长方形的前厅（通道），厅的左、右、后三面墙和顶板都绘有壁画，壁画多已褪色。由于洞窟的前墙往往已经塌落，这些壁画从洞窟外面看去一目了然（图3、4）。洞窟的前墙，特别是大型洞窟的前墙，往往是在岩面上直接凿成。但也有一些洞窟的情况有所不同，它们的前墙往往用木制门户或廊道代替，可能是当时或后期作过改动和修复。这些木构设施在位置较高的洞窟前面还有保存（图2），只是残破得很。登上这些位置较高的洞窟往往得靠栈廊，现在只能看见支撑廊子的横木，或插横木的小洞（图2、4），后一种情况则更为多见一些。

图 2　千佛洞 Ch.IX 附近成排的洞窟，有一些洞窟的门廊已倾塌

用于攀登的石台阶和木台阶几乎已全部崩塌，个别洞窟前还有这种阶梯，都是最近修复时增补上去的。

由于坛基前面的主室、甬道甚至后室前墙都已崩塌无存（图4、5），今天看来，许多佛坛都悬在岩壁上高不可攀。这些位置较高的洞窟的规模都不算太大，其内部结构和装饰图案与岩脚的洞窟大同小异。岩脚的洞窟由于几个世纪以来的风沙沉淀和河床淤积，原生地面上已覆盖一层厚约10英尺的土层（图2、4、5）。虽然岩脚洞窟的地势不高，但其墙面（前墙）也多已崩塌，正好弥补了光线不足的缺憾，阳光可以一直照射到像座前的甬道里。

洞窟内的布局非常一致。坛座前面往往有一个长方形的前室，前室大多残损。在最近的修复工程中，已经崩塌的前墙，往往以仿古样式的木构门窗代之。前室之后，有甬道通往后室，甬道一般高而宽，以便后室的采光和通风。后室往往凿成方形的佛龛，四壁的长度一般不超过54英尺。圆形顶。佛龛的进深往往稍大于面宽，坛座则多为长方形平台，雕饰精美，其位置正对着洞窟的入口（图6、7）。

坛座之上塑形体巨大的主尊佛像，主尊两侧对称地塑其他神像，形体相对较小。造像多有残缺，或者已被现代的复制品所取代。主尊佛像的背后往往树有背屏，头顶有华盖。坛座两侧和后部凿有供信徒绕行行礼的隧道。较小一些的洞窟，多在壁上凿龛，龛内置塑像，往往以一尊坐佛居中（图8）。这两种洞窟结构只是在极少数洞窟中有相互兼容吸收的现象：这些洞窟的后室中央未

图3 千佛洞 Ch.XII 窟北面相邻成排的小洞窟

图4 千佛洞 Ch.III 上面的洞窟

图 5　千佛洞 Ch.VIII 附近的洞窟

图 6　千佛洞 Ch.I 洞窟的主室与侧室，部分已重修

图 7　千佛洞 Ch.Ⅶ 洞窟主室平台上的泥塑和西墙及窟顶壁画

图 8　千佛洞 Ch.Ⅲ.a 洞窟内带有泥塑佛的龛（局部修过）

行雕凿，留下一块平整的石面作为主尊的背屏（图5）。

洞窟中的塑像用松软的黏土塑成，它们在几个世纪中经受了自然风化的作用，而更大的破坏则来自灭佛者和信徒们的双手，前者对塑像肆意进行摧残，后者则以无比的虔诚对它们进行修复，二者都使这些艺术品的价值受到破坏。在所有大型洞窟和许多稍小一些洞窟的四壁都绘有佛教题材的壁画，它们丰富的艺术价值正是我所关注的。这些壁画很多都保存完好，其原因除这里气候干旱、岩壁干燥外，还在于这里原来的壁画实在太丰富，壁画与岩面又粘得很紧，不易剥落。破坏这里的壁画，要比破坏塔里木盆地和吐鲁番地区的壁画费时费力得多。同时，另外一个因素也不容忽视，那就是当地人们对他们心目中的这一圣地一直加以保护。历史尽管经历了沧海桑田的变化，敦煌地区仍然有着强烈的信佛传统，一直延续至今。

除一个小型洞窟内的情况有所不同外，敦煌石窟壁画的绘制多使用了色胶。敦煌石窟甬道和前室的壁面上往往绘有成排的菩萨形象，有的还上下分栏。许多洞窟的后室四壁多布满了小小的方格，里面绘有小型的佛像或菩萨像（图9）。佛像、菩萨像以及花纹繁缛的装饰图案，还常常被绘制在后室的顶部（图10）。当然最有表现力的还得数绘在四壁上的图案。这种带有精美花边的大方格，有的是单独绘制的，也有成排绘制的，视壁面大小而定。图10、11所示的正是两个洞窟中成排绘制的大方格图案。在大方格和像座之下，则往往绘有供养人、僧人、尼姑的形象（图12）。

图9　千佛洞 Ch.VI 洞窟西墙上有泥塑佛像和蛋彩的壁龛

　　这些方格中总是精心绘有各种图像。其中有两种题材最主要。一种是由菩萨、弟子和众神对称拱卫的佛陀形象，端坐于精美的坛座、基座或莲花座之上（图13）。即使外行也能看出，它们所描绘的是佛界净土的景象。另一种壁画题材画面纷繁芜杂，看上去应该属于世俗生活场景，但队列中也往往夹有神像（图12、14、15）。类似的场景还见于大方格的边框上（图16）。这类图像的旁侧或上方往往有汉文榜题，指明这些图像所描绘的是哪一类的佛

图 10　千佛洞 Ch.VIII 洞窟主室西北角蛋彩壁画 ix、x

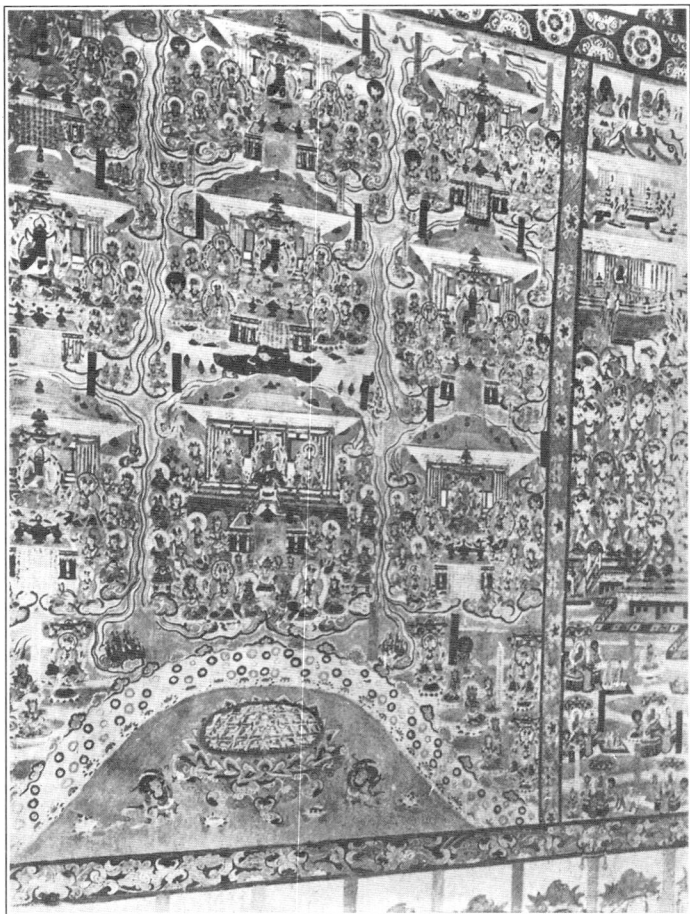

图 11 千佛洞 Ch.VIII 洞窟主室北墙蛋彩壁画

图12　千佛洞 Ch.VIII 洞窟主室东墙壁画 xv 及绘有于阗王和家人、侍卫带汉文题迹的墙裙

图 13　千佛洞 Ch.VIII 洞窟主室南墙蛋彩壁画 v，此系西天场景

图 14　千佛洞 Ch.XVI 洞窟主室西墙蛋彩壁画左半部分

图 15　千佛洞 Ch.XVI 洞窟主室西墙蛋彩壁画的右半部分

图 16　千佛洞 Ch.II 洞窟南墙壁画

经故事。我的向导蒋师爷对佛教神话与图像一无所知，所以也无法对此多加解释。后来我将这些资料带回欧洲，经有关专家研究，才获知这类壁画题材都属于佛本生故事。

这些方格图案中线条流畅的场景和典型的中国式建筑，以及边框、墙脚等处花纹繁缛的装饰图案，使人感到一股扑面而来的汉文化气息。画面线条用笔大胆流畅，人物形象真实自然，卷云纹饰、装饰花样等装饰题材也莫不精美而富于创意。同样，主尊佛像的雕凿也打上了从中亚传过来的印度模式的烙印。主尊佛像两侧绘制的弟子形象（图7、8），以及经变题材壁画中的佛陀、菩萨形象也都是如此。后一类的题材往往被信徒们模印在各洞窟的壁面上。可以看出，尽管在线条勾勒和画面上色方面存在一定差异，但敦煌石窟造像或画像的脸形、姿势以及衣纹褶皱还是继承了希腊化佛教艺术的传统。

除传承性外，这些壁画可以分为几个不同的发展阶段。遗憾的是我的汉学知识很欠缺，对中国世俗艺术的历史知之甚少，所以无法对这些洞窟和壁画进行详细的断代与分期。有考古学证据显示，大型洞窟里保存较好的壁画，应该属于唐代。唐代及其稍后一段时期，正是敦煌绿洲和千佛洞圣地最为繁荣兴盛的历史时期。至于壁画的风格就要偏晚一些，但仍可以称得上是技法娴熟，充满活力。绘于前室和甬道里的壁画，受破坏的程度要甚于后室壁画，它们应该是宋元时期修复增绘上去的。可以看出，宋元时期的壁画仍保持了古老的艺术传统。

塑像的年代更难判定，它们质地酥松，由于是被膜拜的对象，它们比壁画受到的破坏和修补更多，可谓饱经风霜。但不管塑像怎样进行修补，它们与原先的像座、背屏、头光的风格特征仍基本保持一致。这可以从图18、19中看得出来。塑像的组合通常是中央塑主尊坐佛像，两侧对称地立有弟子、菩萨和众神。天王总是全副铠装，很容易被识别出来。即使天王塑像被毁，也可以从基座上的小鬼形象作出判断。我对中世纪和现代的中国佛教塑像不太熟悉，其他的佛教塑像（多被毁坏或经修补）的身份当时只能听向导作一些介绍。

这里很有必要解释一下敦煌石窟为何不见密宗的神像。大乘佛教当时在西藏和印度北部边境山区曾盛极一时，并影响到远东地区。仔细审视后发现，尽管塑像被大肆毁坏，敦煌石窟仍保留了深受希腊化佛教艺术影响的大量迹象。希腊化佛教艺术经过中亚传入远东地区。千佛洞塑像的头、臂甚至上半身往往是现代修复的，其缺憾与粗俗一望即知。图6、18、19的塑像下半身的造型及其流畅的衣纹、精美的色调则往往保持了原来的模样。图8、9中的塑像都部分地保留了原来的样式，将其与后来修补的部分作一下比较就不难看出这一点。雕刻在坐佛身后的头光和舟形背光多幸免于被毁和修补，头光和背光外缘多饰有火焰纹（图8、9）。图17便是一个很好的例证，在一尊比真人稍大的佛像的背后，雕刻着花纹繁缛的背光和头光，从其和谐统一的色调，不难想象出原来塑像身上的颜色该是多么的绚丽多彩。

图 17　千佛洞 Ch.II 洞窟主室内的泥塑佛像，带彩绘的头光及浮雕状的光轮等

图 18 千佛洞 Ch.XIV 洞窟主室后人重塑的唐僧及随侍罗汉泥塑像

图 19 千佛洞 Ch.X 洞窟主室佛龛内重塑的泥像

在许多残损的塑像和雕刻图案上，都发现有镀金的现象，这是犍陀罗艺术向和田（于阗）及其以东地区进行传播的实物证据。在两尊高达90英尺的大佛像身上也有镀金的现象，两尊大佛像一为坐佛，一为立佛。这不禁使我联想到帕米尔的石刻佛像，帕米尔正处在从犍陀罗经喀布尔到大夏都城巴克特里克的交通干线上，千佛洞的石刻、塑像不知是否受到帕米尔石刻的影响。处在帕米尔和敦煌之间的库车和吐鲁番石窟，尽管规模要小一些，但风格类似，它们可以看作是帕米尔与敦煌之间的过渡环节。虔诚的佛教信徒为了佛像的修缮总是不惜一切代价，这种情况一直沿袭到了近代。他们在洞窟前面修起几层楼高的佛殿，殿堂规模很大，佛事设施一应现代化，佛殿门檐上的木构件色调鲜艳，雕饰精美繁缛。

此类的修复迹象充分表明，尽管这一西陲边地曾多次受到灭佛者的破坏，佛教信仰仍一直深深地扎根于当地民众之中，即使现在也没有完全绝迹。当地的佛教信仰和对这一佛教圣地的保护至关重要。考古证据表明，千佛洞及其附近的石窟寺的开凿自唐代以来，一直繁盛不衰。唐朝曾为敦煌免受北部突厥和南部吐蕃的侵扰提供了保护，也正是在唐代佛教开始在中国广为流传。此后的四个世纪直至元代的建立，除了较短的几个时期，这一边陲地区一直受到外族入侵的威胁。

外族入侵对敦煌地区的佛教产生了影响。但我想，马可·波罗关于敦煌石窟的记载仍旧可信，他在游记中对为数众多、挤得密密麻麻的敦煌石窟作了生动的描写，对这一地区令人奇怪的偶像崇拜习俗也作了详尽的描写。这里有必要将这段记载引述如下：

> 在此沙漠中行三十日毕，抵一城，名曰沙州。此城隶属大汗。全州名唐古忒。居民多是偶像教徒，然亦稍有聂斯托里派之基督教徒若干，并有回教徒。其偶像教徒自有其语言。城在东方及东北方间。居民持土产之麦为食。境内有庙宇不少，其中满布种种偶像，居民虔诚大礼供奉。

接着，他对当地的祭祀和丧葬风俗作了长篇描写。亨利·尤尔爵士认为上述丧葬风俗都是有关汉人的描述。"唐古忒"（Tangut）一称源于西夏语，在蒙古征服这一地区以前，在当地广为流传。我在对甘肃（即马可·波罗所称的 Tangut）西部的考察过程中，发现这一称呼直到今天还在当地被继续使用（唐古忒，又作唐古惕、唐古特、唐兀等，即指党项族。该族于公元982年建西夏国，处黄河以西，故亦名河西，后为成吉思汗所灭——译者）。

但也有迹象表明这里的佛教传统曾一度中断。这里全然不见定居在这里的僧人，甚至僧人居住的建筑遗址也不曾见到。很难想象千佛洞在唐代及其以后竟然没有这一类的设施。出土文书等许多证据表明曾有很多僧人生活、居住在这里。为什么这种现象一度中断，很有可能是因为佛教连同其经文、教派组织都被中国流行的宗教（道教？）完全给融合、吸收了。在我初次访问千佛洞时，一排排的洞窟寺庙居然连一个常年看守的人都没有，就连遗址南面掩映在树荫中间的供信徒们寄宿的房子也就一个年轻的和尚在看守，而他本人也不过是一个从青藏高原过来的游僧。

第二节　千佛洞的碑刻

接下来我们简要介绍一下千佛洞出土的有关其历史的汉文经卷。这里我们得感谢沙畹先生对该遗址保存至今的5份最重要的汉文碑刻所作的释读和精辟分析，这五份碑刻资料由伯宁带回。沙畹先生据此对唐元两代这一中国西北地区的政治形势、人种构成作了明确的分析。因此，有关边境的情况可以参考沙畹先生的有关研究，这里我只对有关千佛洞遗址本身及其历史作一探讨。

正如沙畹先生所言，这批碑刻中，时代最早又最为重要的一份碑刻（即《李克让修莫高窟佛龛碑》——译者）的年代属于公元698年。这份碑刻应即 Ch.III 洞窟中的那块碑刻，当时可能立于"莫高窟"之前。沙畹先生注意到它的内容曾被19世纪出版的一部重要著作《西域水道记》所摘抄。碑刻内容是李某修佛龛的功德记。极有价值的是碑刻记载千佛洞的始凿年代为公元366年。

这一年，沙门乐僔"尝杖锡林野，行止此山，忽见金光，状有千佛，遂架凿□，造窟一龛。次有法良禅师，从东届此，又于僔师龛侧，更即营建。伽蓝之起，滥觞于二僧。复有刺史建平公、东阳王等各修一大窟。而后合州黎庶，造作相仍"。碑刻下文接着说："乐僔法良发其宗，建平、东阳弘其迹，推甲子四百他岁，计窟室一千余龛。"

上述记载表明，敦煌地区初唐佛教的繁盛可上溯至前秦苻坚时期。前秦是一个短命的王朝，定都于今西安府。正如沙畹先生所言，这个日期表明当时倡佛者曾投其所好，为前秦统治者服务，没有理由不这么认为。我们今天已无从知晓哪两个洞窟是由乐僔和法良首先开凿。我们只知道现存洞窟中，内有大型坐佛的南Ch.XI窟是最高的洞窟。是不是这个洞窟就是碑刻中所指的"莫高窟"尚不得而知。

时代稍晚的两通碑刻刻于一块精致的黑色大理石碑的正反两面，石碑立于Ch.XIV窟佛殿内，该窟佛坛规模很大，现已整修一新。它位于有名的Ch.XVI窟的旁边，其通道可以从图1的最左端看得见。这两座碑刻的时代上下相差100年。李太宾碑正面的碑刻刻写年代为公元776年，为《大唐陇西李府君修功德碑记》。碑刻追叙了李太宾祖先的功绩，他们当中有的曾为敦煌的高级官员，据碑文，李太宾"依山巡礼"，发现了一处可供凿窟的地点。接着碑刻对千佛洞的100座窣堵波（碑文有"遂千金贸工，百堵兴役"之句，斯坦因误将"百堵"当作"一百座窣堵波"——译者）以及众神形象和地理风景作了详细的描写。这是导致李太宾决意在这里捐资修造功德的缘由。这段文字，除了使我们得知盛行于中国的唐代密宗是公元8世纪时由两个僧人传入中国的，还在阐释千佛洞壁画图像题材和我在这里偶然发现的佛教画像艺术方面具有重要的学术价值。遗憾的是碑座后面的洞窟已经彻底翻修，我们已无从确认李太宾碑刻所描述的具体内容。

李太宾碑反面的碑刻刻写于公元894年，题为"唐宗子陇西李氏再修功德记"。这是一篇骈文，追述了李唐帝系的远祖与近世。它也为我们了解河西节度使张议潮的生平提供了资料。张议潮为刻碑者的岳父［张议潮女婿为索勋，译者怀疑斯坦因误将《唐宗子陇西李氏再修功德记》与《大唐河西道归义军节度索公纪德之碑》相混淆，后者有"（索勋）为张太保（张议潮）之子婿"的记载，也刻于一碑（《大唐都督杨公纪德碑》）的反面——译者］，他在吐蕃占领敦煌地区近一个世纪（公元757—850年）之后，收复河西诸州，归义于唐，从而使大唐帝国重又恢复了对这一通往西域的走廊的统治。这块碑刻使我们对当地历史有一个简单的认识，并获悉在吐蕃统治期间佛教僧侣集团仍停留在敦煌，除此之外，对千佛洞遗址的考古学研究而言，意义并不太大。

正如沙畹所言，以下所要讨论的两块碑刻的内容虽有区别，但二者之间也有紧密的联系。必须指出的是，这两块碑刻都保存在Ch.XI窟的佛殿里。佛殿是一座新近建成的木构建筑，紧临"大坐佛龛"（即北大像）。这两块碑由守郎分别立于公元1348年（当为《莫高窟六字真言碣》——译者）和1351年（当为《重修皇庆寺记》——译者）。守郎当时是从山西的一处寺院来到这里向西宁王速来蛮施舍捐赠。速来蛮之名见于《元史》，系成吉思汗的后裔。

这一蒙古王子使用了穆罕默德的名字，却又与佛教有瓜葛，颇有意味。

公元1348年碑部分残缺，其中心位置有一尊菩萨像，沙畹先生认为是观音。上方与左右两侧用6种文字刻有 Oṃ maṇi padme hūṃ 经文：梵文天城体、吐蕃文、回鹘—突厥文、蒙古文、西夏文、汉文。下面的碑文是立碑的经过和速来蛮以下捐赠者的名单。除了西宁王速来蛮贵为蒙古皇室成员，其他多为敦煌本地人。此碑可能有一定的考古价值，因为碑额提到了莫高窟。沙畹先生据此碑认为莫高窟即是碑现在所在的 Ch.XI 洞窟。考虑到该窟与大坐佛窟相毗邻，后者又是敦煌石窟中现存最高者，所以我们认为莫高窟应指的是"大坐佛窟"，此碑原应立在大坐佛窟。此碑现在立得并不牢靠，而且有残损，这也可以看作是它被移动过的证据。现存于 Ch.III 窟的公元698年碑所指的"莫高窟"则应是最早开凿的乐僔洞窟。

公元1351年碑可以补充公元1348年碑的内容，对我们了解敦煌石窟的历史也很有帮助。碑额题"重修皇庆寺记"。据志序，志文由沙州路儒学教授刘奇书写。志文称：

> 沙州皇庆寺历唐宋迄今，岁月既久，兵火劫灰，沙石埋没矣，速来蛮西宁王崇尚释教，施金帛、采色、米粮、木植，命工匠重修之。俾僧守郎董其事，而守郎又能持疏抄题，以助其成。佛像、壁画、栋宇焕然一新。

速来蛮在重修皇庆寺期间即已病死，在其名字之后有继立的西宁王牙罕沙（"莫高窟六字真言碣"作"太子养阿沙"——译者）及其亲属的名字，还有许多官员和敦煌士绅的名字。

上述碑文记载了皇庆寺在元代以前的几个世纪如何经受了破坏，于是进行了大力修缮，修缮费用如何筹集，这为我们了解绝大部分敦煌石窟寺庙是如何进行维修的提供了资料。我本人就曾目睹过最近的一次修缮活动。佛殿和其他附属建筑中随处可见的大量废弃的像坛表明，这里的修缮活动从来就不曾停止过。发现上述两块石碑的 Ch.XI 窟佛殿，殿堂建筑全为木构，保存完好，雕饰华丽，不久前曾进行过修缮。这里洞窟墙壁上的壁画看上去都很旧，与皇庆寺殿堂建筑很不相称。如前所述，公元1351年碑记载皇庆寺曾经历过重修。此外，公元1348年碑也保存在这座建筑内，这说明此碑很有可能是从相邻的大坐佛窟移来。令人遗憾的是，窟前建筑使得殿内和后面的洞窟光线不足，在没有专门灯光的情况下，无法对其中的壁画进行拍照，甚至于凑到跟前也难以看清。

第三节　王道士和藏经洞

3月，我曾匆匆造访过千佛洞，这里有关佛教艺术的丰富资料给我留下了深刻印象。但是，我更大的目的不全在于此。

扎希德伯克是一个精明能干的土耳其商人，他当时被从新疆驱逐到敦煌，成为当地一小群穆斯林商人的头目。我正是从扎希德伯克那里获悉藏经洞里偶然发现了大批古代写卷的消息。这批无价之宝据称当时已由官府下令封存，由一个道士负责看管。扎希德伯克宣称这批写卷中还有不是用汉文书写的材料，这更激起了我想探个究竟的欲望。经过蒋师爷一连串急切的追问，证实这个传言并非空穴来风。于是我俩作了周密审慎的计划，准备用最为妥善的办法去获取这批写卷。

我刚到千佛洞时，王道士正好同他的两个助手外出化缘去了。如果这时候将我们的计划付诸实施显然不明智。幸好留下来看守的那个年轻的唐古忒和尚知道一些情况，蒋师爷没费多大劲就从他嘴里套出了一些有用的内情。据他说，藏经发现于一个大型的洞窟里，洞窟编号为 Ch.I。这个洞窟靠近北组（主组）洞窟的最北端，外部建筑粉刷一新，这是王道士新近主持对它进行了一次彻底的修缮。他来这里已差不多有7年了。通向洞窟的入口已被崩落的岩体和流沙所挡住，这与靠南一些的山脚崖面上的洞窟的情形一样。当年在对洞窟和窟前地面（现在已为殿堂所占）进行整修时，工匠在连接两个洞室的走廊壁面上发现了一条裂痕，挑开裂缝便从这堵土墙之后发现了一个凿在岩石里的密室（图6），图20是该洞窟的平面图。

据称，打开密室时，里面塞满了用汉文书写的但是读不通的大量经卷，其数量之多，可以装满几辆马车。石室发现经卷的消息传到了距敦煌很远的兰州，当地长官曾命令送些样本去。最终，甘肃省府下了一道命令，命令所有写卷就地封存。所以，这批不曾被读懂的藏经重又被封存在发现它们的石室里，由王道士负责妥善保管。

由于王道士不在，我们无法得到更多的关于藏经洞的情况。但我还是抽出时间对藏经洞所在的地点作了观察。年轻和尚的师傅是一个西藏来的和尚，当时也出去化缘了。后者的临时住处是一间破旧的小屋，本是供前来敦煌朝圣者们居住的地方。他曾借得一个卷子，放在他的陋室里，以添得些风光。蒋师爷说服这个年轻和尚将他师傅处的那个卷子拿来看看。这是一个保存很好的卷本，直径约10英寸，展开来的长度足有15码。卷纸呈淡黄色，看上去很新，也很坚韧。由于这里气候干燥，经卷又是被精心封存在密室里，所以很难从纸的外观来判断它的年代，不过，从那细密的纸纹和磨得溜光的纸面还是可以看出它的年代相当久远。

这个卷子字迹清晰，书法秀美，这是我和蒋师爷共同的印象。卷子上的文字确确实实是汉文，尽管蒋师爷很有学识，他也不得不坦承，乍一看，连他也断不清句子。但不久我就弄明白了是怎么回事，从蒋师爷不断地读到"菩萨"和"波罗蜜"这一类的固定术语，我判断出它就是中国佛界所熟知的、由梵文转译过来的《菩萨经》和《波罗蜜经》。由于佛教经文的字面意思晦涩难懂，因此包括蒋师爷在内，此前从没有人认出展现在面前的卷子就是一部佛经。对这个卷子作了初步鉴定以后，可以认定密室所藏写

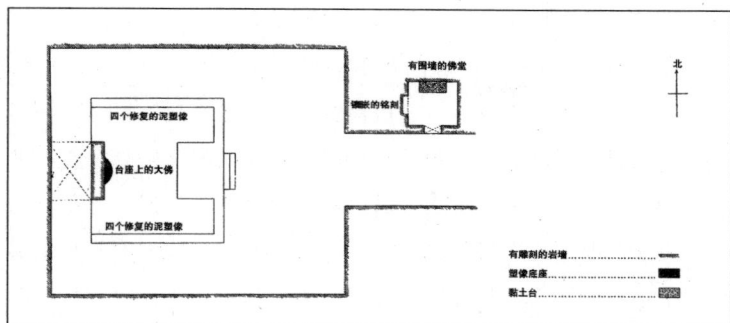

图20　千佛洞 Ch.I 古窟佛殿（藏经洞）平面图

卷主要的应该是佛经。宋代活字印刷术出现以后，中国的书多装订成册[1]，就像今天所见的书一样。这份经书是写在一个长长的卷子上，而不是被装订成册（原著用了"concertina"一词，直译为"像手风琴一样能折叠的"——译者），这就说明它的时代应该很久远。

　　有一大批古代写卷等待着去被发现的念头，像一块巨大的磁石一样吸引着我重返千佛洞。但等到真的回到这里时，我不得不开始为我的计划担心起来，因为我从当地得到可靠的消息，保护

　　1　承蒙怀利博士告知，大英博物馆所藏宋代最早的印刷品的装订方法是折叠式的。

着这批珍宝的王道士是一个恪尽职守、非常用心的人。藏经洞所在的那个寺宇看上去有些破旧，但它仍是当地人朝拜的一个圣地，容不得有任何的粗鲁举动，这也使我的考古工作受到影响。精明能干的蒋师爷收集到了有关看守藏经洞的和尚的性格和举止的情况，这更使我感到有必要在开始时应采取审慎、缓慢的行动。蒋师爷设法说服王道士等待我的到来，而不是在一年一度的朝圣活动一结束就开始去募集修庙的资财。值得称幸的是，由于敦煌副县长汪大老爷对我所进行的考古工作感兴趣，我逐渐博得了敦煌当地人的好感，我可以利用我学者的身份，使当地人对我的研究目的和方法不会提出什么异议。

5月21日，我重返敦煌石窟，准备将我早已拟好的计划付诸实施。让我感到满意的是，除了王道士和他的两个助手以及一个身份卑贱的西藏喇嘛（他不懂汉文，所以对我的计划也不会有什么危险），整个遗址别无他人，一片荒凉，仿佛是一个被人们忘却了的地方。王道士等候在那里欢迎我的到来，在这一年的绝大部分时间里，他都可以称得上是一个孤傲的、忠于职守的人。他看上去有些古怪，见到生人感到非常害羞和紧张，但脸上却不时流露出一丝狡猾机警的表情，令人难以捉摸（图21）。从一开始我就感到他是一个不好对付的人。为了避免与他待在一起的时间过长，第二天一早我就开始对几个主要的洞窟进行考察，并对一些较为重要的壁画进行拍照，以此来掩饰我此行的主要目的。当我来到最北端的洞窟时，我瞟了一眼藏经洞的入口，那里就是发现大批藏经的地方，经卷至今还封存在里面（图6）。藏经洞正好位于王道士改造的那个洞窟的旁边。藏经洞密室的入口比走廊的地面要高出5英尺，让我感到一丝不安的是，我发现窄小的密室入口已被砖墙堵住，仿佛就是为了故意与我为难似的。

　　我的第一步主要目标是想看一下全部经卷的原始堆积、存放的情况。王道士住在另一个稍加整修过的洞窟里，为了设法让他同意我们的请求，我特地派蒋师爷到他的住处同他进行交涉。尽

图21　千佛洞的王道士

管蒋师爷费尽心机，但谈判的进展还是非常缓慢。在我们答应给王道士修缮庙宇进行捐助以后，他终于说出封堵密室入口的目的本是为了防范香客们的好奇心。最近几年，每到朝拜的时候，前来朝拜的香客往往数以千计，把整个遗址挤得水泄不通。但是，由于对我们心存疑忌，他始终不答应我们看一下全部经卷保存状况的请求。他唯一应允的是让我们看一看他手头的几份卷子，而且还加上许多限制条件。蒋师爷急于想替我要到其中的一两份卷子，结果使得王道士很是心烦，我们的全盘计划一下子面临告吹的危险。

但谈判还是有一些收获。我们在敦煌听说的一些情况，从谈判过程中得到了肯定。当密室发现经卷的消息由肃州道台呈报甘肃省府时，省府衙门曾命令送一部分卷子去省府，后来又下令妥善保管所有卷子。蒋师爷怕王道士终止谈判的忧虑，被王道士流露出来的对官府上述做法不满的口气打消了。据王道士说，他确曾向兰州省府衙门送去一批佛经，但官府对此不感兴趣。官府甚至没有对这批卷子如何处置作出任何安排，也没有对他辛辛苦苦修缮庙宇而发现这批经卷的功劳进行褒奖，这使王道士感到有点愤愤不平，他对我们毫不掩饰自己当时的感受。当时官府甚至下了一纸粗暴的命令，要将这批经卷装满7辆马车运走，后来由于运费不够，又嫌保管麻烦而作罢，于是又将这批经卷原封不动地交付给王道士，令他就地保管。

蒋师爷的报告使我感觉到，王道士的古怪性格将是我实现计划的最大障碍。用金钱来收买显然是不可能的，这会伤害他的宗教感情，或使他担心众怒难犯，或两者兼备。我觉得最好是先了解一下王道士的为人。于是在蒋师爷的陪同下，我郑重地登门拜访王道士，请求他让我们参观一下他所修复的庙宇。自从他8年前来到敦煌，这便成了他的主要任务和精神支柱。所以，我的请求被王道士欣然接受。

他领着我们走过洞窟的前廊和高大的砖木结构殿堂，这里的建筑雕梁画栋、溢彩流光，我用预先想好的词语对它们进行恭维。当我们穿过藏经洞前的过道时，我实在忍不住藏经洞的诱惑，它就位于右侧最外面的位置，入口被一堵粗陋的砖墙挡住。我没有直接去问我们虔诚的向导藏经洞里有些什么，而是投其所好去询问他是如何整修这个洞窟，他曾虔诚地干着这项工作，我想这样做更能博得他的好感。从图6中可以看出洞窟中雕刻的修复情形。这个洞窟中，有一个长约56英尺、宽约46英尺的马蹄形坛座，坛座很旧，但已经重新粉饰，上面排列着一群新做成的泥像，都和真人差不多大小，依我看它们比起这些洞窟中其他的塑像要笨拙逊色许多。

这个洞窟里的壁画相对而言则要优美得多，而且大多保存较好。墙壁上所绘的主要是大方格里的坐佛形象，窟顶则是模印花样。虽然这里的壁画比不上其他大型洞窟的精美，但也足以使里面的塑像和其他后期修复增补的东西显得粗俗而逊色许多。不过王道士为此所付出的辛勤努力还是给我留下了很深的印象。他对这个洞窟的修复工作和他的虔诚的宗教信仰仍可称得上是费尽心机。

大约在8年前，他从陕西只身来到这里，举目无亲。他将全部的心智都投入到这个已经倾颓的庙宇的修复工程中，力图使它恢复他心目中这个大殿的辉煌。当时，坍塌的物什堆满了地面，几乎堵住了通往洞窟的通道。其余的地面上覆盖着厚厚的流沙，洞窟也被流沙覆盖了很大一部分。清除这些流沙、修复大殿需要付出热心、恒心和苦心，而这一切，全都由我身边的这位待人和气、身体孱弱的道士四处化缘、募得钱财来解决，其间的艰辛可想而知，一想起这些，我心中不禁有一丝感动。在这座大殿的旁边，还有几层砖木结构的殿堂建筑，向上一直攀升到崖顶的位置。后来他还曾非常自豪地向蒋师爷展示过这些年来他四处募捐的账本，每一笔都记得非常仔细。他将全部募捐所得都用在了修缮庙宇之上。从他与他的两个忠实助手的生活情形可以看出，他个人从未花费过这里面的一分一毫。这些与蒋师爷在敦煌打听到的情况完全相符。

王道士在中国传统文化方面的无知很快就被蒋师爷摸清了。我与一些有学识的中国官员交往时，往往能博得他们的支持和好感，但对王道士而言，我觉得没有必要去给他谈论考古学的价值、去给他谈论利用第一手的材料进行史学和考古学研究的意义等。但有一点值得与他进行探讨，那就是玄奘。在中国，只要一谈起玄奘，对方无论是学者还是白丁，我总是能与他谈得很是投机。这位古怪的王道士是一个很复杂的人：虔诚、无知而又很执着。他使人不得不联想到中国古代的那位克服千难万苦赴印度取经的朝圣者，王道士头脑简单，信仰却很执着甚而至于有点迷信。唐玄奘一直被我当作我的中国保护神，王道士也喜欢听我谈论他。

于是，在周围满是佛教神像的氛围里，我开始向王道士谈起我对玄奘的崇拜：我是如何沿着玄奘的足迹穿越人迹罕至的山岭和沙漠，又是如何去追寻玄奘曾经到达和描述过的圣迹，等等。尽管我的汉语很差，但这是一个我所熟悉的演讲题材，而且一旁往往还有蒋师爷适时的补充，所以我总是能把我所知的有关玄奘的可靠记载和他漫长旅途的风土人情描述得细致入微。尽管王道士的眼光中还有一丝不自在，但我已他从发亮的眼神中捕捉到我所想要的东西，最终他露出了一种近乎入迷的表情。

王道士尽管对佛教知之甚少，但和我一样，对玄奘顶礼膜拜。有了这个共同点，我对自己的计划就更有信心了。他带着我们走到大殿前面的凉廊上，向我们炫耀那些描绘玄奘西行景色的壁画，这些画像都是他请一个当地画工画到墙上的。壁画上描绘的奇异的传说，正好是那些把唐僧神化了的内容。尽管这些故事都不曾见于《大唐西域记》，但我还是饶有兴趣地听着我的"导游"口若悬河地谈论墙上方格里所绘的神话故事。[1]

其中有一幅画面的寓意很是深刻，我费了很大工夫才看明白。画面所描述的情形与我当时的处境正相类似。画面上，玄奘站在一处急流前，旁边是他的忠实的坐骑，满载着经卷。一只巨大的乌龟正向他游过来，准备驮他渡过这一"劫"。这里所描绘的正是这位朝圣者满载着20捆佛经准备从印度返回中国时的情形。摆在他前面的困难将是需要跨越千山万水。这些都在他的游记中作过描绘。[2] 不知道我身边的王道士是否能够理解这画中的情节，让我把这些古代经卷重又取回印度，这批经卷正由命运之神交付给他保管着。

---

1 《西游记》所虚构的神话故事在中国西部流传甚广，相信在中国其他地区的情况也是如此。《西游记》神话故事的创作来源很有研究价值，这一点值得欧洲学者在研究中国佛教史和民俗学时予以重视。它们应该是源于玄奘的《大唐西域记》，而《大唐西域记》中的记载又源于他在印度的见闻。如果这一推测不误，那么可以认为《大唐西域记》中许多的传说故事都是玄奘对印度僧人口述的忠实记录。我自己亲身听到过的一些故事为此提供了证据。
2 上述故事可以看作与玄奘在穿越印度乌图查汗差（乌达邦达，今乌达）时的经历相类似，在这里，"五十卷经书"从船上被"护法神"拿走。另一类似的遭遇是在唐吉它峡谷，他的坐象被淹死。

第二章

发现藏经洞

第一节　密室的开启

　　前面我曾强调，如果当时立即要求进入藏经洞显然不太妥当，因此我留下蒋师爷向王道士催要他曾许诺给我们的卷子。但他这时候又开始胆怯和犹豫起来，对蒋师爷的催讨只是虚与委蛇。为此我开始担心起来。到了深夜，蒋师爷悄悄地却又不无得意地抱着一小束经卷来见我。这是王道士许诺给我们的第一批卷子，他刚刚将这批卷子送给蒋师爷，是偷偷地藏在他黑色外袍里带过去的。这些写卷同我们3月份在那个年轻和尚那里见到的卷子一样，看上去都是古色古香，上面的内容很可能是佛经。蒋师爷是一个肯钻研学问的人，他请求给他点时间琢磨一下上面的文字内容。

　　第二天一早，蒋师爷面带一股兴奋和胜利的神情过来告诉我，这些经卷是玄奘从印度带回并翻译出来的汉文佛经。在经卷边页上竟还有玄奘的名字，令他惊叹不已。这些经卷是玄奘早年翻译出来的。当我在蒋师爷的陪同下同王道士进行交涉的时候，我觉得好运似乎正在垂临我。蒋师爷一反遇事迟疑不决的常态，以一种半近乎迷信的口吻说，正是唐僧的在天之灵将这些密室藏经托付给对佛经一无所知的王道士，以等候我——从印度来的唐僧的崇拜者和忠实信徒——的来临。

这些经卷居然与玄奘有关，王道士对此似乎一无所知。而蒋师爷则立刻意识到可以充分利用这一点，利用我的保护神玄奘来影响心中尚存猜忌的王道士。于是，他立即过去将这一消息告诉了王道士，声称这是唐僧的在天之灵在催促他向我们展示密室里的藏经。不久蒋师爷就回来了，称这一招发挥了作用。几个小时以后，当他再回到密室门口时，发现王道士已经拆除堵在密室入口的砖墙，蒋师爷还站在入口处瞭了一眼密室里一直堆到洞顶的经卷。

整个上午，我都有意地避开王道士的住处和藏经洞，但当我获悉密室门已打开时，我便再也按捺不住了。记得那是很热的一天，外面空无一人，我在蒋师爷的陪同下来到藏经洞前。在那里我见了王道士，他还有点紧张和不安。在神灵的启示下，他才鼓起勇气打开了位于通道北面墙上的密室门（图6）。借着王道士摇曳不定的灯光，我睁大了眼睛向阴暗的密室中看去，只见一束束经卷一层一层地堆在那里，密密麻麻，散乱不堪。经卷堆积的高度约有10英尺，后来测算的结果，总计近500立方英尺。藏经洞的面积约9平方英尺（图20），剩下的空间仅能勉强容得下两个人。

在这阴暗的密室里，我们显然无法对这些写卷进行检阅，而要弄清其全部内容也是一件劳神费力的事。我没有立即建议将所有经卷从密室里搬到殿堂里以便阅读翻检，我担心这样做会于事无益，甚至于有点鲁莽，因为王道士仍在担心他从施主们那里辛辛苦苦换来的好名声会受到玷污，他害怕对他不利的流言蜚语在敦煌地区流传开来。尽管当时那里是朝圣活动的淡季，但谁也保不准什么时候会有香客突访千佛洞，如果让香客在这个圣地吃上闭门羹，对王道士而言将非常不利。当时我们所奢望的是王道士能不时地捎出一两份卷子，让我们在狭窄阴暗的殿堂里匆匆浏览一下。好在大殿的两侧居然还各有一间耳房，开有门户，窗户用纸糊着。房子的状况出人意料的好，所以我们暂时就把一间耳房当成了一间古色古香的书房，这里可以避开不速香客好奇的眼光，他们总是很虔诚地来到那高大而笨拙的塑像跟前来磕头、击钟和烧香。

我匆匆浏览了一下藏经的内容，不过，在介绍藏经的内容之前，这里有必要先介绍一下藏经洞本身的情况，以及有关密室封存年代的蛛丝马迹。据王道士讲，8年前他来到千佛洞时，藏经洞前的通道已被流沙所覆盖。从其地势及附近洞窟的情况来判断，当时洞窟前崩塌下来的山石和吹落的流沙堆积足有9~10英尺厚。

由于人手有限，清理工作进展很慢，前后花了两年多的时间才把长度超过24英尺的通道里的沙石清理干净。完成了这一步工作以后，王道士便着手在洞窟里树立新的塑像。就在立塑像的过程中，工匠们在通道入口右侧的壁画上发现了一处裂痕，壁画下面不是岩体，而是一堵砖墙。打开这堵砖墙，便发现了藏经洞及堆积在里面的藏经。

当他们怀着挖宝的心情在洞窟里四处寻觅时，曾发现一块精致的黑色大理石碑，嵌在密室西墙上，约3英尺见方，上面刻着一篇很长而且字迹工整的汉文碑铭。后来王道士嫌它碍事，将它挪到了通道的南墙边（左边）。据蒋师爷当时对碑文的诵读，刻碑年代当在公元851年。这表明，藏经洞的封闭时间当在公元9世纪中叶以后。

除经卷所载纪年外，最有断代价值的材料是通道里的壁画。王道士清楚地记得，密室入口墙面上的壁画（已被破坏掉）与入口周围的壁画相同，其内容为菩萨捧物出行图，菩萨形象优美，大小和真人差不多（图6），所幸王道士满腔的修缮热情还没有伤及这些壁画。这种风格的壁画在其他洞窟屡屡见到，而且保存完好（图22）。这些壁画的时代竟然能晚到宋代以后，真是令人难以置信。不过有一点很清楚，保留在这里的古代壁画是后来的画匠们创作的蓝本和灵感的源泉。从唐代到元朝之间的几个世纪里，这里的修缮活动一直没有停止过，所以仅仅从壁画的风格来进行断代是靠不住的。

图22 千佛洞 Ch.VII 洞窟甬道北墙一组比真人还大的蛋彩菩萨像

　　有一丝迹象让我们感到鼓舞，这批写卷中，除汉译的佛经故事外，还有其他一些有重要价值的写本。唐元时期及其以前，甘肃西部边远地区曾是很多民族和各种政治势力角逐的舞台，佛教则在他们之中广为流传。这批材料的历史背景是如此复杂，要想对如此浩繁的写卷进行深入系统的科学研究将是一件耗时久远的大工程。我在语言学方面的不足，使我不可能在匆忙之中从卷帙浩繁的汉文写卷中将那些最有价值的卷子全部挑选出来，甚至不可能将混在其中的非汉文卷子一一分拣出来。但最令我担心的还是王道士胆小怕事、犹豫不决的性格，保不准什么时候他会警觉和猜忌起来，在我还没来得及卷走所有珍藏之前，突然关闭这个密室。我一面竭尽所能地赶工作进度，一面还得摆出漫不经心的模样来，以免让王道士意识到他手中的这批东西是无价之宝。

尽管是经过了王道士的手将这些写卷"发掘"出来，但这仍然是一件极有意思而又令人着迷的事。王道士抱给我们的第一捆写卷中包括几个厚重的佛经卷子，直径从9.5英寸到10.5英寸不等，它们在藏经洞安然保存至今。虽然它们经历了漫长的岁月，但绝大部分卷子都保存较好。从图23可以看出，这些卷子纸面光滑平整而发黄，纸纹密致，纸张结实耐用。这些卷子像欧洲的草纸文书一样一卷一卷地卷起来，中间有细小的卷轴。卷轴两端有时还雕刻、镶嵌有把手。卷轴的长度在15~20英寸之间，展开的幅宽很大。可以看得出它们是久经翻阅、摩挲过的。卷子的外面可能还有袋子和捆扎的绸带，但大多都已经烂掉了。

只要袋子还保存着，蒋师爷就能很容易地读出该卷佛经的篇名、册数和卷号。佛经的内容我无从知晓。我曾担心这些经书的内容都是重复的——现代的佛经往往如此，最初搬来的几卷佛经篇名都互不相同，这使我悬着的心放了下来。开始时我曾让蒋师爷对这些经卷列一个粗略的目录，但王道士的勇气与日俱增，他开始一捆一捆地往这里送卷子了，这使我们打算做一份哪怕是最

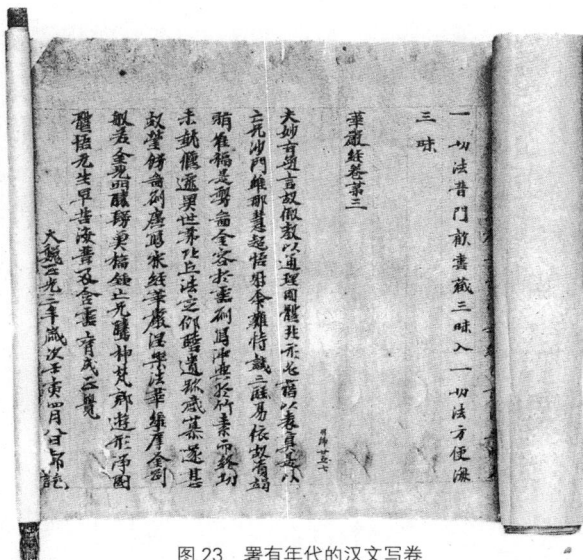

图 23　署有年代的汉文写卷

简略的目录的计划都不得不放弃了，因为经卷实在是太多了。

　　蒋师爷对这些卷子匆匆浏览了一遍，没有发现任何有关纪年的材料。佛经中还有一些藏文经卷，但对探讨藏经洞的时代也没有什么帮助。这些藏文经书为了阅读的方便，各个段落章节都是横向安排，而书写则是自上而下（图24、25）。我们无法从其字迹和文字内容来判断它们的年代。但有一点，藏文经书的纸张粗陋

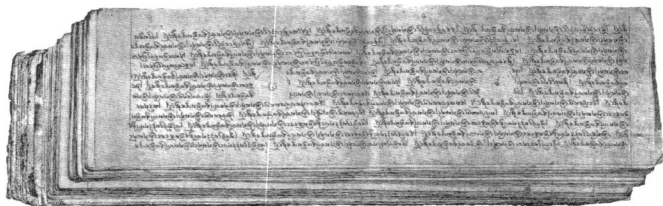

图 24　藏文菩提写本

图 25　藏文经书

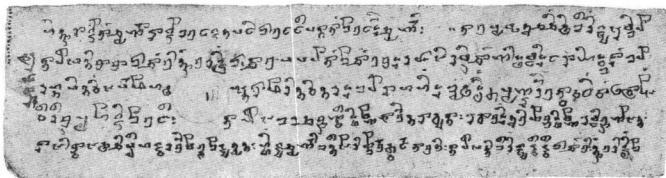

图26　和田文菩提写卷

而发灰，看上去肯定要比汉文卷子的时代晚。也许它们的时代属于约公元759—850年吐蕃占领敦煌的时期，而纸张质地较好、看上去年代更为久远的汉文经卷的时代应该属于唐朝统治该地区的时期。

随后我们就发现了时代最早的卷子的年代证据，在一份残长3英尺多、纸张发黄的汉文卷子的背面，我发现了用婆罗门草书字体书写的文书，这是我所熟悉的和田文。接着，又发现了另外的3份和田文书残卷，都是在卷子的一面或双面书写和田文。这表明，密室藏经的时代与印度文字（可能是梵文）在这一崇佛地区的流行同时。和田文书在汉文卷子背面的出现说明敦煌地区的佛教与塔里木盆地广为流行的佛教存在着一定的联系。不久，我又在另一捆卷子里发现了一大堆菩提文书，用笈多草体书写，它们分属两本和田文著作。其中一份为医学文书，保存下来的至少有71页（图26）。

在这些胡乱堆积的藏经中，有汉文和藏文的卷子，也有不少吐蕃菩提文书。另外还发现了大量凌乱纷杂的汉文散页文书。这些汉文散页毫无顺序，装订得也是简单粗糙，也没有用布袋装起来。这些都表明，自从它们被捆缚起来以后，就不曾受到过什么翻动破坏。王道士随意地在这些藏经中翻检"珍宝"，结果又有不少新的发现。尽管这些散页已找不出什么顺序，其内容却是丝毫无损。它们既没有一丝受潮的痕迹，也一点也不觉得脆。原因很简单，藏经洞是一个再好不过的藏经地点，它开凿在干燥的岩体里，沙漠山谷里即使有一丁点儿的潮湿空气，也与藏经完全隔离了。藏经洞三面是厚实的岩体，只有一面是封堵的砖墙，而且又被流沙埋藏了几个世纪，藏经洞里的温度基本上是恒温。在如此干旱的地方如此妥善地保存藏经简直是再合适不过。

上述情况可以找到一个很好的例子来加以说明。当我打开一个素色帆布的大包裹时，发现里面满是各式各样的纸片、画有图像的薄如蝉翼的丝绸或布片，以及大量的写有文字的丝绸残片。有图像的丝绸或布片大多是2~3英尺长的窄条，顶部是三角形的，形状有点类似旗幡，应该是寺庙所用的旗帜一类的东西。这些丝绸旗帜往往被紧紧地绕在木质旗杆上，杆子上往往涂有亮漆或有彩绘。展开时，可以从旗帜上看见佛教神像，色调鲜艳和谐。用来做旗帜的总是薄如蝉翼的上等丝绸。有的看上去有点破旧，这并不是由于几个世纪以来保存过程中的腐蚀作用，而是由于当时在庙宇中悬挂使用的时间过长，在有的旗帜上还能看见修补的痕迹。

当我试图打开一些更大的旗帜时，我发现它们质地很脆，弄得不好会损坏它们。当时保存时，肯定是卷得很紧，而且动作也很随意，一件一件堆压在一起。这样经过几个世纪的挤压之后，再想去打开就很容易损坏这些薄薄的丝织品。我把这些卷在一起的丝织品举过头顶来观察，发现上面的图像与大型洞窟中的壁画内容一样。图27、28所示的是经大英博物馆的专家之手小心仔细地展开后的画像。图29所示的是未打开时的情形，上面有被烟熏的痕迹。对比一下展开前和展开后的情形，一方面可以让我们了解到，展开这些面积很大、又是如此保存的丝织品是多么的不易，何况这些丝织品往往还经过长期的使用；另一方面又可以使我们了解到，藏经洞里的条件对保存这些佛教图像艺术品又是多么有帮助。

我们没有充足的时间来仔细研讨这些文书的年代。我所关注的是我能从这里拿走多少藏经。令人奇怪的是，王道士竟然对这些无价之宝毫不吝惜，这也使我内心颇感一丝轻松。当我从手头那些纷杂的藏品中挑出一些丝画（帛画）、布画和文书以备日后深入研究时，他居然没有提出任何反对意见。我甚至产生了要将所有的藏品带走的想法。不过，这一要求有点过分了。于是，我极力克制住自己的欲望，将挑剩的那部分还给他，以便腾出地方让他拿出更多的藏品来供我选择。

这一招果然奏效，使王道士确信了这些艺术遗产没有什么价值。为了把我的注意力从他所认为的最有价值的汉文经卷上引开，

图 27　绢画，画面为佛、菩萨及供养人

图 28　绢画，画面为千手观音及随侍的神祇

图 29 绢画残片，未打开

他开始不惜余力地将他归入垃圾的那些藏品一捆一捆地抱了出来。这真使我感到欢欣鼓舞，因为这些新抱出来的文书残片中，尽管汉文文书残片还是占多数，但也可以发现很多有价值的绘画作品、印制的文书、帛画、笈多草体的梵文文书以及一些非宗教内容的文书等。所以，第一天我和蒋师爷忙碌了整整一天，中间甚至没有休息过，一直干到夜幕笼罩了整个洞窟才停止工作。

这些意想不到的发现使我极为兴奋，但我也很担心，这也是我一直所担心的一件事。那就是必须不断地诱导王道士，不让他感到心神不宁，不让他担心会有施主们的流言蜚语。蒋师爷的不烂之舌和我的再三表白自己对佛教和玄奘的崇拜发挥了作用。看得出来，尽管在经卷堆上来回爬动和运送经卷使王道士显得有些累了，但他脸上猜疑的表情，还是被一丝平静甚至是自豪的表情所掩盖，因为我们对他所认为的毫无价值的东西竟然表示了欣赏。事前，我曾许诺要捐献一大笔钱给他作修缮庙宇之用，以补偿翻检藏经给他所带来的不便和可能对他带来的风险。

到了晚上，终于有一大堆写卷和绘画被挑出来包好放在"书房"的一边，留待运走供我们外交辞令上所谓的"深入研究"之用。但是对王道士是否敢冒着风险让我们将这批藏品运走，或者会不会被他识破我们的真实意图，我们心里还是感到没底。直接和他谈一笔私下交易将这批藏品买走或偷偷运走在当时看来也是可行的。当我们忙碌了一整天离开王道士的那个洞窟时，我有机会与他就我们共同崇拜的偶像作了一次长谈。我声称是玄奘的在天之灵让我很荣幸地来取得这批数目巨大的藏经和其他圣物，这些藏品有些可能与他到印度朝圣的活动有关，而这些藏品又是由他的另一个崇拜者（指王道士）保存着。当我们站在绘有唐僧西行取经图的甬道里时，我特意将他的注意力引向那幅唐僧牵着满载经书的坐骑从印度返回的场景，这是一个最好不过的规劝，让他同意我的请求，将这些由他发现、现仍藏在密室中的经卷带走供西方学者进行研究。

我留下蒋师爷与王道士进行周旋。蒋师爷鼓动如簧之舌，力图说服王道士，称玄奘让他发现了这批佛教经典和圣物，其目的并不是要将它们继续深藏在密室里。由于王道士本人不能胜任对这批经卷进行研究的重任，所以应该将它们交由印度或西方研究佛教的学者来进行研究，这也是一件积德积善的事。作为交换，他还将获得一笔捐赠，用于资助洞窟庙宇的修缮，从一开始我就非常谨慎地提出这项捐赠，它自始至终吸引着王道士。同时我还无条件地捐赠了一件银器。我们很难判断这些交谈对王道士产生了什么样的作用。他既担心他的圣洁的名声因此而受到玷污，同时又不愿放弃一个为他修缮庙宇洞窟提供捐赠的好机会，这对他衷心珍爱的功德事业很有利，但必须以付出他所认为的无用的那些古董为代价。看得出来，王道士一直都在上述两种选择之间犹犹豫豫，举棋不定。

想出一个万全之策将这批挑选出来的写卷和绘画弄到手，这是我交给蒋师爷的一项任务。事实证明，他从来就没有辜负过我的期望。将近子夜时，我正准备上床休息，蒋师爷轻手轻脚地走了过来，在确信我的帐篷周围没有他人以后，他返身抱回了一大捆卷子。我看了看，正是我所挑选的那些经卷，心中不由大喜。王道士终于答应了我的请求，但有一个明确的协定：此事只能我们三人知道；在我离开中国以前，对这批东西的出土地点必须守口如瓶。当时，他害怕自己被人发现不在他自己的住处，所以运送这批经卷的任务便只能由蒋师爷一个人独自承担了。他运送了7个晚上，一捆一捆，越来越重，直至要用马车来装。对我的这位身材瘦削的学术知己而言，这是一件很苦的差事。他为此付出的艰辛，同他对我所有的热心帮助一样，长久以来一直深深地留在我的脑海之中。

第二节 藏经洞里的多种语言文书

第一天的成功使我信心百倍，而随后的工作也收获颇丰。我们清理藏经的工作依然艰难。以后几天重复性的工作这里无须赘述，我也不想将后来"发掘"过程中的每一项有意义的发现和记流水账似的一一记录于此。藏经洞里的藏品已不再是原来堆放时的原始状态，初次发现它时，人们曾翻来覆去地在里面寻找珍宝，一捆捆的经卷已被翻动而改变了原来的位置。后来，又曾将那块大石碑从西墙上挪走，再一次扰乱了藏经的摆放秩序。就是捆成一束的经卷，也很有可能被打乱了顺序。此外，经卷取出的顺序也全凭王道士的意愿。

当时所有的经卷在我手上只是匆匆一过，根本来不及一一细看。即使是那些我认为特别重要而挑选出来的卷子，也只能留待以后耗时多年的系统、专门的研究。这里仅对当时有关藏经洞及其藏经的历史做一个介绍。这些结论为以后在欧洲进行的专门研究所证实，也为伯希和博士的实地考察所证实。在我离开王道士藏经洞之后的第二年，伯希和博士又造访了那里，收集了一些实地考察资料，收效很大。

我最初的印象是，这一藏有大量汉文和藏文佛经的密室很可能是一处僧侣的藏经洞（图书馆）。本来，若要从中挑选出（非汉文）

57

文书，须得具备语言学知识的学者细细地找寻。幸好这些卷束从外形可以很容易地分辨出来，它们规格不一，装订方法各异。我在第一天就发现它们有很高的研究价值。它们当中主要是一些绘画织物、供奉的丝绸布匹、各式各样的文书以及汉文和藏文残卷等，当时由于不再需要而被存放于此。而这些非汉文的文书因为外形无甚规格，王道士在修砌那堵砖墙时，顺手就把它们都堆到了经卷的最上头，取出经卷时，很容易够到它们，所以王道士在给我抱出卷子的时候，也就源源不断地将这些材料抱了出来。

大部分婆罗米文的菩提文书都是从这些参差不齐的卷束中发现，它们正面书写汉文，反面则全部或部分书写婆罗米文。印度文文书主要是用婆罗米文和和田文书写，后者是一种已失传的伊朗文字，霍恩雷博士和瓦莱·普桑教授认为，将这种在该地区广为流传的文字定名为和田文最为合适。在新疆地区流行的另外一种印欧语系的文字是龟兹文，其流行范围主要在塔里木盆地北部。它也是一种已经失传了的文字，由西尔文·烈维教授定名，现已被广泛接受。藏经洞所见的龟兹文材料不多，仅仅是很少的几页。在这些菩提样式的婆罗米文文书中，最令我感兴趣的是书写在贝叶上保存完好的《般若波罗蜜多经》，总计有69页。从其字体来看，它应该是在印度地区书写，因为其书法是霍恩雷博士所称的尼泊尔笈多正体（upright Gupta，意为笔画横直的字体——译者）。它很有可能是从南部地区传入，也就是说，是经由西藏地区传入。公元8—9世纪的历史地理形势合乎这一假设，因为当时敦煌正处

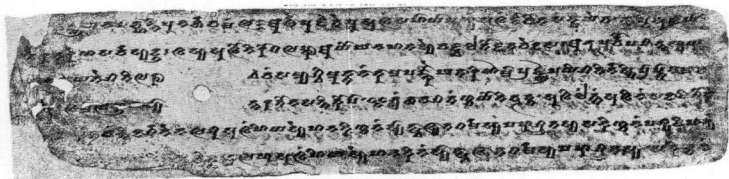

图 30　婆罗米文书

于吐蕃的控制之下。

　　另外一种婆罗米文字体——笈多斜体文书如图30所示，肯定是从中亚地区流入，很可能是经新疆东部流传到敦煌当地。霍恩雷博士发现，所有写在汉文经书背面的婆罗米文全都是笈多草体，所以笈多斜体在当地很可能并没有成为通用的书写字体。一看这些经书的纸张和外形，包括书页正面的一丝不苟的字体，即知它们出自藏经洞，是后来的人们将这些背面空白的汉文经书随手拿来抄写婆罗米文经书。当时我发现了大量的婆罗米文字母表和习字作品。这些发现很有意思，它表明在较晚的一段历史时期，这里的僧人既熟悉和田文，也懂笈多草体的婆罗米文。

　　无论是正体还是草体的中亚印度文都曾见于菩提样式的龟兹文书之中。卷页完整、长达44页的《金刚经》(图31) 和篇幅巨大、长达71页的药典书稿可以作为两个例证。这两种印度文字体的文

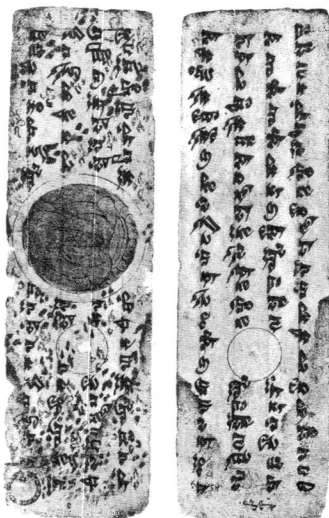

图31 和田文菩提写卷

书都曾见于出土和田文的遗址中。这些菩提文书究竟是带入敦煌地区的还是在敦煌当地书写，现在尚难断定。非汉文写卷中，长达70多页、宽近1英尺的巨幅卷子（图32），以其篇幅和完好的保存状况（现存1108行文字）最为令人注目。这份卷子是当地书写的还是从他处传入的同样不是太清楚。其为容是用不标准的婆罗米文书写的佛经，中间夹杂着和田文，前者用的是正体，后者则用的是斜体。其文稿的样式和纸张是以后的汉文文书和密室中文书所习见的，所以这份令人注目的卷子也有可能是某位信徒在当

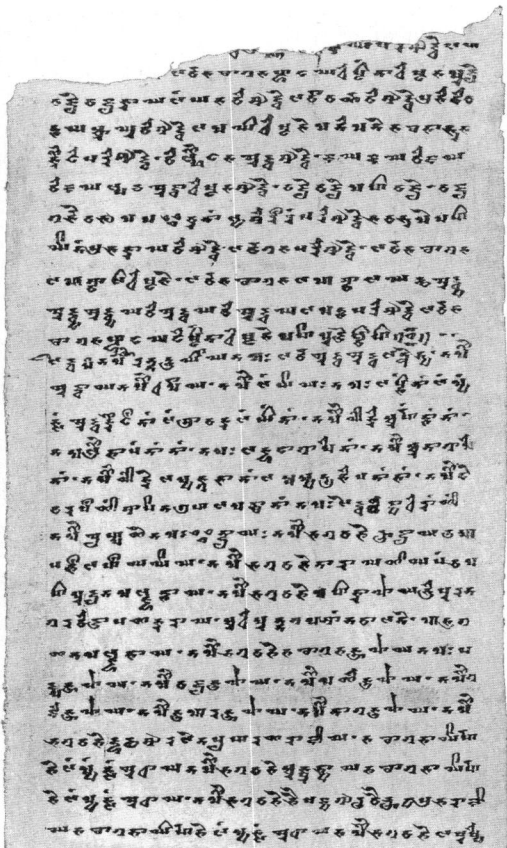

图 32　用梵文书写的写卷

地书写的。装这份卷子的丝袋上的图案纹样也为此提供了佐证，丝袋图案的主题风格同密室所出其他织物上的绘画、装饰题材是一致的。

当时，我可以尽情欣赏那些印度文经卷的语言学价值，而它们在考古学上的价值也令我关注。它们为敦煌地区佛教与塔里木盆地特别是和田地区佛教的交往提供了实物证据，当时敦煌地区的居民主要为汉人，他们与塔里木盆地一直保持着密切的联系，这种状况一直延续到以后的一段历史时期。唐代以后，中国与西方的交通路线主要是取道哈密沿沙漠绿洲通往天山地区，而不是自敦煌直通罗布泊和和田地区，密室出土的印度文写卷中和田文卷子的发现，证实敦煌和和田地区的佛教一直有着某种联系。

尽管与塔里木盆地之间存在着联系，藏文经书的大量发现表明，在一段历史时期，敦煌地区佛教更多的是受了南部西藏地区佛教的影响。我们可以从考古遗迹中看出这一点。最初抱出的几束各式各样的经卷就表明密室中保留有数百页吐蕃菩提文书。抱出来时这些文书被胡乱堆在一块，规格不一，我们很容易将它们理出头绪来。这些文书上面都有洞，但已不见捆扎的绳子。偶尔也能见到横向书写的藏文经书（图25）。除了这两种文书，其他的藏文经书可归为六类。

我本人不是藏学专家，无法断定这一类的夹页式藏文写经与其他藏文佛经故事卷子有什么差别，今天的佛教信徒依然热衷于印刷这一类的佛经。但有一点是清楚的，那就是这类写经所用的纸张粗糙而呈灰白色，与普通的经卷和菩提佛经有明显差别。它们大多纸张较薄、纸面发灰、纸张很次，就像晚期的汉文卷子一样。另外的一些藏文佛经则书写在汉文卷子的背面，纸面发黄，纸张厚实，质地上乘。这一类的汉文卷子的时代多为唐代。这两类藏文经书应该都是在敦煌的西藏僧人书写。菩提佛经的纸张同其他纸张不同，很坚韧，它们不禁使我联想到在安迪尔和米兰遗址的发现。敦煌的菩提佛经显然是从外地输入。

　　撇开它们的来源不看，为什么密室中保存有如此多的藏文佛经的原因却很清楚，它们的年代学价值也不容忽视。沙畹先生在讨论千佛洞出土写卷时曾对有关的历史文献作过分析。文献记载公元8—9世纪很长的一段时期里，敦煌为吐蕃所占领。大约在公元759年吐蕃夺取了敦煌地区，到公元766年吐蕃进一步占领了甘肃全境。占领敦煌对吐蕃方面而言意义重大，它是公元8世纪末吐蕃进入塔里木盆地并最终占领整个塔里木盆地的大门。吐蕃占领敦煌地区以后，行政权力仍掌握在当地世袭士绅和豪强的手中，公元894年碑铭中的张议潮即是其中之一。公元850年，张议潮摆脱吐蕃的控制，归义于唐王朝。

　　密室中发现的那块大型汉文石碑记载了敦煌历史上的这一重大事件。碑刻抄录了唐大中五年（公元851年）的两份诏书，碑铭内容与吐蕃统治期间的敦煌佛教密切相关，这里我们不妨对此作一简明扼要的讨论。第一篇诏书的落款为"大中五年五月廿一日"，内容是褒奖"摄沙州僧政"洪䛒与沙州释门法师悟真在归顺唐朝方面的功绩。第二篇诏书是唐宣宗经悟真之手赐给洪辩的，诏书鼓励他们继续为唐王朝和释门效力，并记录了皇帝赏赐给他们的物品。赐给张议潮的诏令褒奖的是张议潮率世俗权力归顺唐朝的功绩，这篇敕文褒奖的则是洪辩与悟真率僧侣归顺唐朝的功绩，两件事密切相关，沙畹先生对此已有论述。

沙畹先生注意到，上述碑刻反映了汉族僧侣在敦煌地区的重要地位和他们对西藏僧人的深远影响。唐宣宗特地褒奖了遣弟子入表朝廷的僧侣头目，这表明僧侣们在这方面发挥了积极的作用，同时也表明帝国政府与偏处西北、长期被吐蕃割占的西陲重镇的汉人之间有着某种联系。更值得注意的是，诏书特别提到汉人的佛教经义对当地胡族的精神意识产生了影响："尔等诞质戒坛，栖心释氏，能以空王之法，革其异类之心，犷悍皆除，忠贞是激。"赐给洪辩的诏书褒奖了敦煌的僧侣保持了好的品行。从诏令中可以看出唐朝的政治意图，同时也可以看出敦煌地区汉族僧侣与吐蕃僧侣之间的紧密联系。

唐朝借张议潮归顺之机在西陲重新建立了家族式的封建统治。千佛洞公元894年碑铭表明这种统治一直延续到了公元894年前后。公元10世纪初唐朝崩溃，中原王朝重又失去了对敦煌及其以东邻近地区的有效管理。沙畹先生注意到高居诲曾提到了这一点，高居诲曾于公元938—942年作为中原王朝的使臣出使于阗，并顺利返回。他发现当时的凉州附近已为党项族所占领，这也就是一个世纪以后西夏政权的前身。循着古道再往西到达甘州，即是回鹘的地盘了。出肃州，经过玉门关，穿过吐蕃边界，便到达了瓜州（沙州、敦煌，今安西地区）。他发现瓜州人口主要为汉人，政权由曹氏家族把持。从高居诲的游记中可以看出，这个被吐蕃、回鹘和党项所隔离的区域，实际上为吐蕃所控制。

公元8—9世纪，吐蕃强盛一时，其势力向东、西、北三个方向扩张，控制了远大于其本土的广大区域。敦煌的地理位置正好处在东西、南北交通的十字路口上，对吐蕃而言意义十分重要。公元766年前后，吐蕃从南部控制了敦煌，切断了中国腹地和新疆东部的联系。公元790年，吐蕃最终夺取了这一中国西陲重镇。公元9世纪中叶，吐蕃势力衰弱，回鹘从它手中夺取了新疆东部地区。这样，敦煌便不得不转向唐朝方面寻求支持。但唐朝当时也已国力衰弱，无力西顾，只能给敦煌以外交上的鼓励，正如公元851年碑铭所记的一样。因此，吐蕃势力在敦煌地区又得以延续了相当长一段时间。吐蕃实际控制敦煌的时间约有两个世纪，考虑到这一点，无怪乎千佛洞的密室藏经和其他遗迹会有如此之深的藏传佛教的印记了。

新疆东部地区与敦煌地区在地理上毗邻，中原王朝又曾在一段时期里治理过这两个地区，所以二者之间一直存在着往来与交流。吐蕃对这两个地区的政治、军事占领并没有对它们之间的联系产生实质性的影响。公元860年以后，突厥部落建立了横跨天山南北的强大的王国——回鹘。公元10世纪，回鹘势力向东南扩张，进入甘肃西北边区。所以回鹘文写卷在敦煌文书中也有发现。

除了写在汉文卷子背面的回鹘文，还发现有散页的回鹘文书和少数如小册子一样的回鹘文写本，其中往往有汉文的注释和眉批，说明它们应该是从汉文佛经翻译过来。汉文注释还见于两份保存完好的小四开本回鹘文写经（图33），它们由薄薄的纸张折叠、装订成汉文书籍的样式。

我从一开始就注意到，在突厥—回鹘文卷子中有一种不同字体的写经，笔画没有那么草，较为硬直，估计有可能为叙利亚语源（叙利亚变体）。回到欧洲以后，我弄明白它们实际上就是粟特文，一种在阿姆河流域北部地区流行的古伊朗语文字。穆勒教授在研究吐鲁番出土文书时首次破译出粟特文，那是一批早期的佛经译著。自此以后，尽管戈蒂奥关于粟特文的研究取得了较大的进展，但始终没有将这种文字在新疆东部佛教界使用时代的上下限弄清楚，也没有弄清这种文字到底有多大的使用范围。千佛洞的发现很重要，这里的粟特文书写在唐代的汉文佛经背面，是一种在当地抄写的写经。伯希和教授对我从千佛洞带回的部分汉文写经进行的研究表明，大约在公元7世纪中叶，从撒马尔汗来的粟特人曾在罗布地区建立过一个定居点。

第三天，我从经卷中翻检出一份很特别的写卷，用传入中亚的第三种叙利亚文写成。这种文字在吐鲁番被首次发现用于书写摩尼经。这份卷子保存很好，纸张的宽幅比较窄，展开来的长度接近15英尺（图34），字迹也很秀丽，卷页基本完整。据勒柯克教授的研究，这份卷子应该是突厥语版本的《摩尼教徒忏悔词》。在

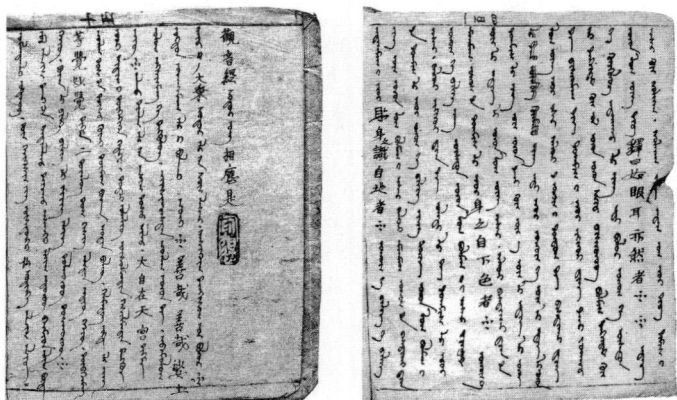

图 33　回鹘文写本

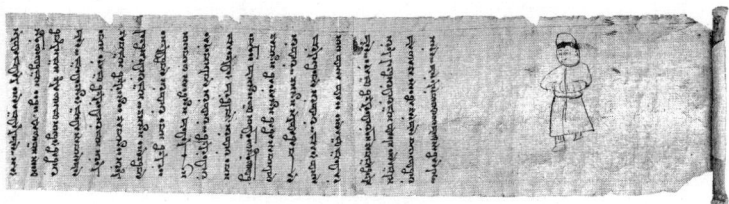

图 34　摩尼教徒忏悔词

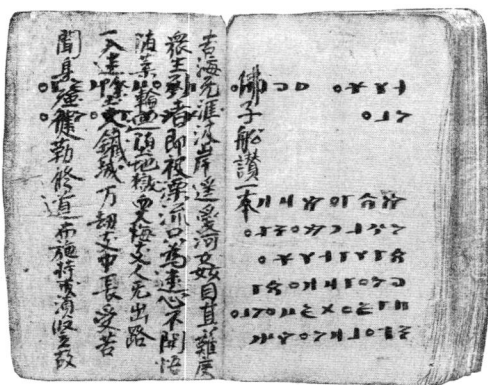

图 35 突厥语 "秘经" 小册子

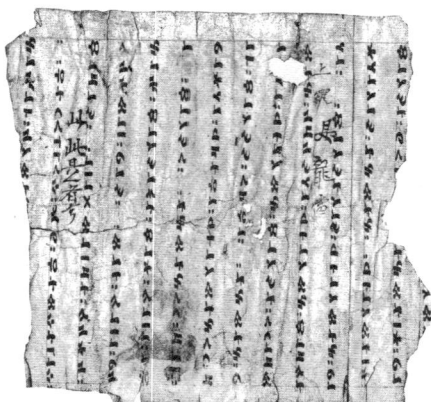

图 36 突厥如尼文写本残片

汉文佛经中发现摩尼教遗物是一件有意思但是毫不足怪的事。我们在吐鲁番的发掘就已经证实，虽然摩尼教、佛教、基督教在几个世纪里互相之间存在激烈竞争，但亚洲腹地的摩尼教寺院往往与佛教、基督教的圣地共存。

下面讨论的密室中的一项发现也说明敦煌曾有说突厥语的摩尼教徒，此即图35所示的突厥语秘经小册子。它是在清理运至伦敦的密室所藏汉文经书的过程中被发现的。在敦煌石窟我仅仅见到了一些突厥语秘经残片（图36），并据此认为在密室封闭以前，这种时代最早的突厥文字也为这一圣地的人们所熟悉。

第三节　密室藏经和艺术品的获取

尽管在此发现的多种语言文书很有学术价值，但它们对探讨密室的封闭时间还是没有太大的帮助。我认为，探讨这个问题，更多的是应该从考古学的角度去进行研究。我首先发现，这些纷繁芜杂的汉文写卷中，有不少寺院文书、信件、记事录、账本等，它们对探讨密室的时代会很有帮助。在蒋师爷的帮助下，我们按照文书内容、装订样式和纸张质地（图37）将这一类的文书从成堆的汉文佛经中迅速分拣出来。这些材料不仅对研究密室封闭前几个世纪这一地区的僧侣组织和宗教活动有帮助，而且对了解诸如社会状况和世俗生活一类的情况也有好处。

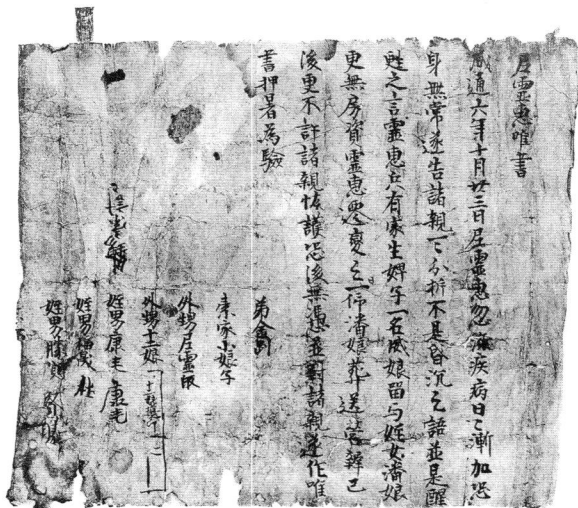

图37 署有年代的汉文文书

我当时最为关注的是年代学方面的信息。在我们的快速翻检过程中，发现了一大批有准确纪年的材料。不久我们就收集到了足够的证据（多为半官方性质的文书）来对密室藏经的封存时限作一个明确的推测。这些年代数据大多数都属于公元10世纪，且多集中在公元925—975年，而南宋时期的年号则全然不见。其中时代最晚的一个年号属于公元990—994年（当为北宋太宗淳化年号——译者）。所以我推测密室的封闭时间当在公元11世纪初。绘画和雕版印刷品上的最晚的纪年分别为公元980和983年，与上述推测正相符合。

我们还可以举出一个反面的证据。公元1034—1037年，西夏政权夺取了敦煌地区，此后西夏统治该地近两个世纪之久。在密室出土文书中，我们没有发现一份西夏文书。而在敦煌石窟壁画上除了有数百处汉文题记以及藏文、蒙古文和回鹘文题记，还发现有西夏文的题记。

密室的被封闭及终于被人们所遗忘，很可能是缘于某次破坏性的入侵行为，或许就是西夏党项族的入侵造成。但也有一些证据表明，密室有可能是早期用来封存祭祀用过的圣物，而这种做法后来没有沿袭下来。我在密室中发现了许多包装仔细、缝制精美的小袋子，里面所盛的仅仅是一些汉文经书的残纸断片。今天的汉人仍有将祭祀焚烧后的字纸清点收集的做法，密室所见的小袋子的用途应该就是这样。在其他更大一些的包裹中所放的主要是带有木轴的佛经残卷、卷轴、绸带及装经卷的布袋等文房用具。此外在其他包裹中还发现有印制的众神画像、丝绸旗幡以及供奉所用的织物残片、丝画残片、彩绘木质旗杆等。

毋庸置疑，这些物什是出于宗教方面的原因而被封存起来。这些重要遗物很有可能是由于突然而来的一场大变故而被收集、保存起来。根据我在丹丹乌里克、安迪尔、喀达里克和米兰的庙宇遗址的发掘经验，如果能知道菩提文书和其他文书是否是从其他洞窟中挪入，就可以弄明白这个问题。这些东西是被供奉在塑像基座前的圣物。藏经洞本是一处被流沙覆盖于荒郊野外的古遗址，遗憾的是，由于它是被无知而粗心的王道士首先发现的，一些有考古学价值的遗迹已遭破坏，有关探讨上述问题的考古学证据已不复存在。

有关密室的考古资料并不太多，现在作一简单介绍。在密室全部清理干净以后，我曾对密室做过测量，东西长9英尺，南北宽8英尺8英寸。正对入口的北墙前面有一个像座，长5英尺，宽2英尺，高1英尺8英寸。像座的形状及其所在位置表明这里曾经是一个佛窟（龛）。窟中的塑像和背光已荡然无存。北墙上部能看到已经褪色的装饰纹样，其余墙面则都是空白。密室入口宽仅3英尺，所以里面的光线很暗。因此，刻有敕文的《洪䇹碑》最初不可能立在这里。《洪䇹碑》被精心竖置在这个密室中，密室又是开凿在大窟西墙的岩体上，所以它不可能是在紧急状态下匆忙之中挪入。我以为，它很有可能是在释门日趋衰落的时代，如西夏统治敦煌的数十年间，信徒们挑选了这个洞窟来保存这块记录了前任"沙州僧政"曾荣受帝恩的碑刻。《洪䇹碑》究竟是在收集藏经和其他物件之时被挪入，还是在此之前挪入，现已无从知晓。

我从一开始就认为，这批藏品在被封存时就已经是很有年头的古董了。一年以后，蒋师爷着手给部分从千佛洞弄走的汉文写卷做目录，那时他可以从容地展开这些卷子细细钻研它们的版本。我们惊喜地发现，有相当一部分卷子的年代可以早到公元5世纪

图38 汉文写卷

初（图23、24）。一份记录了敦煌人口统计数据的卷子的年代可以断定在公元416年（图38），怀利博士已发表这方面的研究成果。如果想从这批卷子中找出时代最早的卷子，恐怕还需要在欧洲进行多年的专门研究。时间又过去了9年，我们仍然不能肯定何时才能完成这项工作。

　　因为不知道王道士能让我们工作多久，所以我们第一天的工作是对所有藏经快速进行清点。藏经源源不断地被清点出来，就

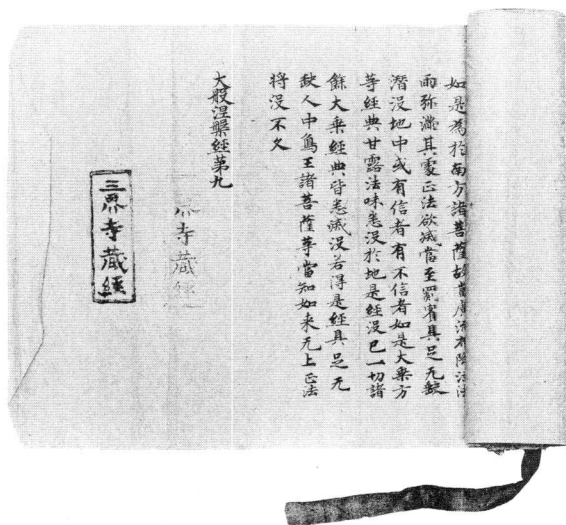

图39 汉文写卷，出现"三界寺"一称

连那些艺术品和非汉、藏文字的写卷我也来不及——仔细审视。
我是后来才逐渐认识到那些非汉、藏文字写卷的价值。我当时所
能做的就是确保这些珍品能被挑选出来"留待深入研究"，其实这
只不过是我们的一个托词罢了（我们的真实目的是要将它们运走）。
当时我真是为自己汉学知识的贫乏而痛悔。尽管蒋师爷的工作热
情很高，但由于藏经浩如烟海，仍然不能避免遗漏一些颇有史学

和文学价值的汉文卷子。这些卷子甚至在我们的眼皮底下溜走。

在这些浩如烟海的写卷中，有一些令人惊喜的发现。首先是在一份有公元925年纪年的汉文卷子上发现了有关千佛洞早期建筑的记载，这就是"三界寺"（图39）。在其他整卷的经书中，全然不见"三界寺"一称。这个名称现在已不为当地人所知，但我认为它与千佛洞的"上寺""中寺""下寺"之间应该有一定的联系。

在汉文藏卷中还发现了众神及净土场景的神画和版画（图40），甚至还有一些已经散佚的卷子。它们都有纪年，且大多在公元10世纪后半叶，尽管我没有这方面的专门知识，我也能知道它们很有价值。其中最有价值的是一份有公元868年纪年的卷子，通篇雕版印刷（图41），卷首还有精美的雕版印刷画。以前所能见到的最早的雕版印刷作品属于宋代，这份文书的发现，不但有力地证明雕版印刷工艺的出现要远远早于宋代，还说明了在公元9世纪，雕版印刷的工艺已经达到相当高的水平。

从纷杂的卷子中间迅速挑选别具价值的非汉、藏文写卷、绘画等遗物耗费了整整5天的紧张劳动。这些都是我最想得到的东西。它们不像汉文和藏文卷子那样卷得很紧，王道士在将这些藏卷重新挪入密室时，顺手把它们放在了最上面或其他比较容易够得着的地方。但仍有一些堆放在紧靠墙的地方不易拿到。我很想把它们全部清理出来作一番挑选，但这一想法遇到了意想不到的困难。到目前为止，我们通过外交周旋和物质上的捐赠成功地避免了王道士由于劳累而产生的不满。但现在面临将所有藏品从密

图40　纸画，画面主要是佛教诸神

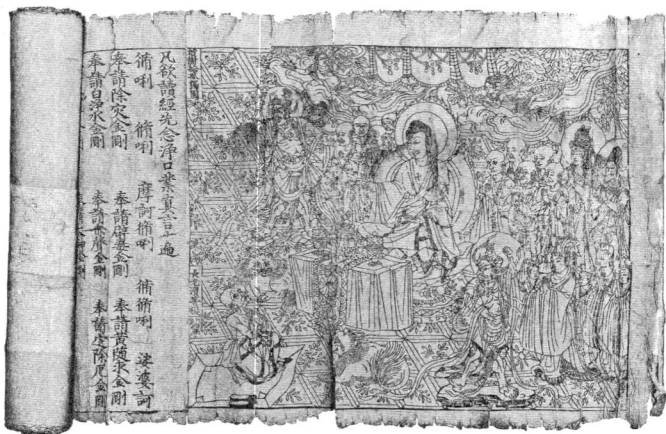

图41　佛教题材的雕版印刷品

室中清理出来的任务，这有一定的风险，王道士明显有些抵触情绪了。

经过漫长的交涉，我们又追加了捐赠，王道士终于答应了我们的请求。我们将殿门紧紧地关闭起来，开始工作。王道士自己体力有些不济，于是请了一个助手来帮忙。他们一边干，一边不停地抱怨，到5月28日日暮时分，全部藏卷终于被运了出来，放在干净整洁的屋子里，其中大部分都放在宽敞的内殿里。这些卷子总计约有1 050卷，大致每12份卷子中有一份是历谱。此外还有80多份藏文卷子、11份菩提文书。菩提文书长2英尺5英寸，宽8英寸，厚近1.5英尺。它们的装订很好，内容很可能是甘珠尔的一部分。

这种写卷几乎全都有粗糙的帆布封面，装订也很紧。图42反映的是一份未展开的写卷的情形。这些封面是当时就有还是密室开启以后新加上去，现在很难断定。据王道士介绍，封面都是原来就有。王道士一捆一捆地将这些卷子往外搬，卷子的封面往往都是敞开的，我在蒋师爷的帮助下，匆匆忙忙地对它们进行检视，看看在普通的汉文写卷里是否夹杂有菩提文书或其他非汉文的卷子，以及折叠起来的小画等有价值的物什。我们尽可能快地将它们分拣出来，但根本就没有时间对这些卷子一一进行审视，也来不及看卷子的背面是否有印度文或中亚文字。

王道士的不满情绪越来越明显，清理工作如再拖延则很不利。到了清理工作快结束的时候，我们突然有了一个令人惊喜的发现。

图42　有帆布封面的写卷

在堆积的卷子的底部，靠近北墙根的地方，泥塑像坛的两侧，发现了一大堆珍贵的帛画和一些精美的织物（图43）。在这些现身说法的图像中，最值得一提的是图44所示的一幅刺绣画像，画像中央为佛陀，周围为真人大小的菩萨形象。由于这些画像被压在靠近地板的最底下，修复它们很费工夫，第二天我为此忙碌了大半天。

　　与此同时，我们与王道士进行了漫长的谈判。不知是由于担心还是后悔（后悔让我们接触了他认为很有价值的汉文经书），他力图尽早结束我们的搜寻工作。他一方面提出了更大的捐赠要求，另一方面又声称决不让我们拿走那些"经书"（他将所有的汉文卷子都称为"经"），不管它们的内容如何。尽管王道士的态度令人不快，但总算是转到了"交易"方面来了。将这些写卷全力抢救出来，以免在那样的保存条件下继续散失，我认为这是我义不容辞的责任。我当然知道其间必然是困难重重。我无法估量这些在

图 43 刺绣和芝绸

图 44 刺绣吊帘

藏卷中占绝大多数的汉文佛经的语言学价值。它们的内容可以从韩国和日本印刷的汉文"三藏"中找到。那些具有考古价值和文学价值的卷子我也无法得到。将这些卷子整车地运走，肯定会使我们的行动暴露于光天化日之下，如果这样，我将无法在中国其他地点继续进行工作。再说，这里是敦煌，决不能在这里引起宗教方面的抵触情绪，否则后果将不堪设想。此前我从我的一位清朝官员朋友那里获悉，这里由于财政措施方面的原因，正酝酿着动荡的气氛。在我离开敦煌不到一个月的时间，这一动荡终于发生了。当时我应该尽量避免这一动荡，以免它影响到我的计划。

我决定放手一搏，宁愿冒点风险，也要争取获得全部藏卷。蒋师爷身处其中却并不知道我的担忧，他一如既往地劝说王道士让我们将这些写卷运到印度的一家神学院去进行研究，并称将这些佛经运到佛教古老的故乡去将是一件功德无量的事。我应允蒋师爷可以给王道士一笔款子（40锭马蹄银，如果需要，可以翻倍）作为交换条件。这笔钱成了蒋师爷手中很有分量的筹码。如果敦煌不宜停留，王道士可以拿这笔钱告老还乡，享受安逸的晚年。或者，他可以用这笔钱来修缮庙宇，来换取更多的功德和荣耀。

然而一切都是徒劳。先前我挑出那些我认为有艺术和考古价值的卷子时，王道士一直都是睁一只眼闭一只眼。但现在他担心他要失去全部珍贵的"经书"了。他第一次显出了恼怒的表情，我们的关系也顿时紧张起来。我们经过小心周旋才避免了关系的破裂。王道士一再表示，这些藏卷的丢失迟早要被施主们发现，而这些施主又都曾为他的清理、修缮活动捐赠过资财，这是有目共睹的事实。一旦被施主们察觉，他花了8年时间辛辛苦苦挣来的好名声将化为乌有，他一生的功业也将毁于一旦。有了这些担忧，他开始为放弃那些藏卷而自责，他觉得他的施主们更有资格得到它们。他一再声称在作出任何决定之前，需要征询施主们的意见。

谈判时断时续，为清点新搬出来的藏卷争取了时间，到第二天晚上，这项工作即已完成。次日早晨，我准备从那些普通汉文卷子中再作搜寻，寻找颇具价值的中亚文字文书。到了那里，却遗憾地发现满怀疑忌的王道士干了一个通宵，将所有藏卷全部运回密室中去了。其间的劳累更增加了他心中的气恼。幸好那些很有价值的绘画、非汉文写卷等已被我们挑选出来。有了这些，加之已经猜透王道士想得到一笔钱来修缮庙宇的心理，我确信我们在这场艰难的谈判中会大有收获。最后我们达成了一项协议，除了已经挑选出来的经卷，我还得到50捆汉文写卷和五捆藏文写卷。为此我所付出的代价是4锭马蹄银。当我今天回过头来检视我用4锭马蹄银换来的无价之宝时，这笔交易简直有点不可思议。

王道士胆怯的性格使我决计将这批汉文和藏文卷子尽快运走。此前一直由我忠心耿耿的中国秘书蒋师爷一晚接一晚地将白天挑选出来的卷子运到我的帐篷里。这项新的任务完全由他来承担已不可能，于是我让另外两位忠实的随从伊布拉音伯克和提拉拜也过来帮忙。他们3人干了两个半夜，借着陡直堤岸阴影的掩护，将所有物什安全运抵我的储藏室，整个过程没有被任何人发现，甚至我自己的随从们也毫无知觉。敦煌已经很长时间没有香客来了，王道士的担忧也与日俱增。我们的行动刚一结束，他便迫不及待地踏上行程，开始了他周期性的化缘活动。

为了尽可能地消减王道士的担忧，同时也为了留下我进行布舍的实物证据，我安排王道士在一个已遭废弃的小窟里树立了一尊玄奘的塑像。敦煌工匠按期完工，但做出来的这尊塑像丑陋不堪。尽管如此，也足可以帮助王道士挡住周围怀疑的目光，以掩饰我在敦煌待的时间为什么如此长久的真实原因。一个星期以后他回来了，确信这一秘密行动没有被人察觉，他的名声也没有受到影响。这样，他又敢开始一项新的交易，我为他的修缮活动再捐上一笔，他则再让我挑选20多捆汉文卷子。我后来捆扎时，这些卷子足足有7箱，还有5个箱子装满了绘画、织物等。一箱子的重量相当于一匹马的负荷。包装帛画是一件很细致的工作，我正好利用因沙暴天气而不能对洞窟进行照相的几天工夫。我事先就故意带来了几个"空"箱子，装箱子也是悄悄进行，这样在我带着这些大箱子离开敦煌时就不会有人怀疑了。

前期所做的精心准备并非徒劳。拘谨而老实的王道士终于放下心来，我也为之感到快慰。他仿佛感觉到将这些古代佛教遗物送到西方进行学术研究是做了一件积德的好事，这些遗物原本不为人知，或许将永远封存在尘埃里。当我最后终于要离开千佛洞时，他那古怪而棱角分明的脸上流露出习惯性的拘谨来，夹杂着一丝心满意足的神情。我们的告别完全是悄悄进行。他的友善给我留下的最深刻的回忆是，4个月后我重返安西时，他又送给我一大堆汉文和藏文写卷，总计超过230捆。蒋师爷是如何成功地劝说王道士这样做，整个过程又是如何守口如瓶，我都在我的游记中作了详细介绍。当24箱沉甸甸的写卷和另外5箱绘画等艺术品安然运抵大英博物馆时，我才如释重负地出了一口气。

第四节　后来对藏经洞的调查

前面详细介绍我从王道士那里获取藏经的曲折经历有两方面的考虑：一是因为藏经洞里早期写卷和艺术品的发现意义特别重大，它也许是迄今为止中亚和远东地区出土古代文献最多的一次重大发现；二是由于我是第一个亲赴现场进行考察的西方学者，我觉得有义务将所有有关遗物保存状况的细节披露出来，这些细节也许对探讨我带走的写卷的特征和内容有所裨益。出于同样的考虑，我觉得也有必要把在我之后学者们对藏经洞的考察情况作一番介绍。

令人高兴的是，特别是令研究中国古代史的学者们感到兴奋的是，在我首次访问千佛洞遗址后不到一年，一位更有资格研究密室藏经，特别是研究汉文写卷的学者——伯希和教授来到了千佛洞。我离开敦煌时，曾不得不将一部分写卷留在了藏经洞里。伯希和教授对这些留下来的写卷进行了检阅。这位才华出众、学识渊博的法国人，曾受委派到中国新疆地区进行考古调查。1907年秋，伯希和教授在乌鲁木齐停留期间从一些有学问的清朝高级官员那里获悉有关千佛洞发现藏经的消息。伯希和教授从一开始就抱定了要对这个遗址进行详细考察的目的，他于1908年初春抵达敦煌。在对洞窟进行了初步考察以后，他开始与王道士接触。同年3月3日，他得到王道士的允许进入藏经洞，部分藏经仍被保存在那里。

伯希和教授学识广博、功底扎实，他一眼就看出剩余藏经很有学术价值，密室藏经中，汉文经卷占大多数，而混杂其中的其他文字的卷子则更有价值。藏经中有不少残纸断卷，清点起来很费劲，伯希和教授蜷缩在小小的密室里完成了清点工作，据他的估算，密室中藏经的总数约有15 000卷。他推测将全部卷子打开检阅一遍至少需要6个月左右的时间。最初10天，他的工作效率达到了每天翻检约1 000卷的速度，成功地将所有散落的非汉文卷页和那些他认为别具年代学、考古学等方面价值的汉文卷子一一挑拣出来。

王道士对伯希和教授的态度多少与对我的态度有点相同。毫无疑问，由于有了同我交涉的经历，他在与伯希和教授打交道时会显得更为自信。他乐于接受捐赠，以进行他那虔诚的事业。同时，由于我们的挑选很严格，表面上并没有减少他手头上的藏经数目，他的名声也从未受到过影响。[1]不管他有什么样的动机和打算，他仍然不肯全部放弃手头的经卷。在得到一笔相当的补偿以后，他应允伯希和教授可以将所有他挑选出来的东西带走。[2]

这里无须赘述这批由伯希和教授挑选出来并安全运抵巴黎的写卷的重要价值，也无须一一介绍法国东方学学者们在有关研究上所取得的多方面的突出成果。我这里只想对伯希和教授的研究成果作一介绍，伯氏为探讨藏经洞的封闭时间提供了两点颇有考古学价值的证据。他在千佛洞现场时就曾对这一问题作了深入的思考，其观点与我的结论可谓殊途同归，这真是令人感到由衷的

1　按我所了解的王道士的古怪脾气以及他对自己的功德事业的虔诚，他不让伯希和知道我在藏经洞的工作时限和我所挑选的写卷的内容和特点是理所当然的。1910年7月的两个星期里，经同意，伯希和对我所带回的汉文写卷进行了专门的检视。他的工作进展很快，通过检视这批材料，他修正了自己的一些认识，得出了以下结论：密室藏经中，保存完整或比较完整的卷子约有3 000卷，散页（即零散文书与卷页）有5 000~6 000份。

我们不能责怪王道士在有关我的付款内容方面有故意误导伯希和的嫌疑，他谋求捐赠的做法也无可厚非。关于他人格上真诚的一面，我这里有必要提及一件事。1914年，我第二次到敦煌，他特地将募捐的账目交给我看，表明我所捐赠的所有款已全部用于功德事业，没有一分一毫被中饱私囊。尽管他的要求让人感到奇怪，他对功德事业的虔诚我还是深信不疑的。有足够的证据表明，他将我所捐赠的马蹄银全部用在了修缮活动上，1914年，我在他的洞窟前面，就目睹了一排新修的庙宇和禅房。

2　伯希和估计他所挑选的卷子要占当时他所见到的所有藏卷的三分之一。我当年清点的全部经卷约有1 130捆，到伯希和造访时，藏经洞所剩的经卷估计还有860捆左右。

伯希和所挑选的汉文卷子种类纷杂，在汉学研究等领域极有价值。

高兴。在我拜读伯希和教授的大作以前，早已在1909年3月皇家地理学会上宣读了我最初的研究成果。正如我从经卷中发现的纪年材料"推断密室的封闭时间肯定在公元1000年以后不久"一样，伯希和教授也强调汉文经卷中所见到的最晚的年号为北宋"太平兴国"（公元976—983年）和北宋"至道"（公元995—997年）两个年号。他还说，此外，在藏经洞所有的文献里没有一个单独的词"西夏"（Si-hia），现有事实表明密室是在公元11世纪上半叶被封闭的，而且很可能是接近公元1035年，也就是被西夏征服的时候。

伯希和教授精通汉学，他从公元10世纪时期文书书写潦草的情况判断，认为其时敦煌文化已经开始衰落。我后来也发现这类文书的纸张质量低劣，与公元7—8世纪文书结实耐用的纸张差异明显。伯希和教授正确地指出，敦煌文化的衰落早在西夏征服敦煌以前就已经开始，这一观点也为我搜集的有晚期纪年的绘画材料所证明。我俩都注意到了密室藏经中不见西夏文写卷这一现象。但以此从反面论证密室封闭的年代却是伯希和教授的功劳，这是我在这里需要声明的。

伯希和教授在清理千佛洞最北端的两个吐蕃风格的洞窟时，发现了一些公元13—14世纪的汉、蒙、藏以及少量婆罗米文的残卷和文字材料，其间还有西夏文材料。这与藏经洞里不见西夏文书的现象形成鲜明的对比。它们的发现，还可以澄清一些错误认识。如前所述，在我搜集的写卷中，有少量回鹘文写本，它们装订成册，有点类似于西方书籍的样式，而且它们全都保存完好。

其中有两份写在很薄的纸面上，这种纸张为晚期的中国印刷品所常用，但在密室中则仅此两例。其中一份与其他回鹘文佛经一样，从汉文转译成回鹘文（图45）。丹尼森·罗斯博士对所有回鹘文卷子作了仔细的检视，认为其中一份佛教画像上有公元1350年的纪年。于是他便在《西方摩尼教和吐鲁番的发现》一文中提出，这份有纪年的画像表明藏经洞的封闭时间应当比伯希和和我所推断的时间至少晚300年。

我当时正在印度，并不知晓罗斯博士这项很有意思的发现。经过仔细推敲，我认为他关于密室封闭时间的结论站不住脚。据伯希和教授告诉他的情况，千佛洞最北端的洞窟属于元朝时期，1900年王道士在发现藏经洞以后，又在这里发现了藏有少量文书的洞窟。其中有两个洞窟并未受到王道士"搜宝"工作的破坏，后来伯希和教授在对这两个洞窟进行清理时，发现了公元13—14世纪的文书，其中就有回鹘文的材料。有公元1350年纪年的回鹘文写卷和另外那份回鹘文写卷，很有可能是王道士在这里发现，因为它们保存特别完好，王道士便自作主张地将它们拿到了藏经洞中。

我认为上述解释合乎情理，伯希和教授的实地考察结果也与此相符。密室中堆有大量未被损坏的晚期文书，这都是有力的证据。据伯希和教授的介绍，密室里还发现了一份光绪年间王道士所写的一篇文章，这说明王道士确实把这里当作一个库房。这也可以用来解释为什么密室中会有回鹘文的写本。按我当时所做的

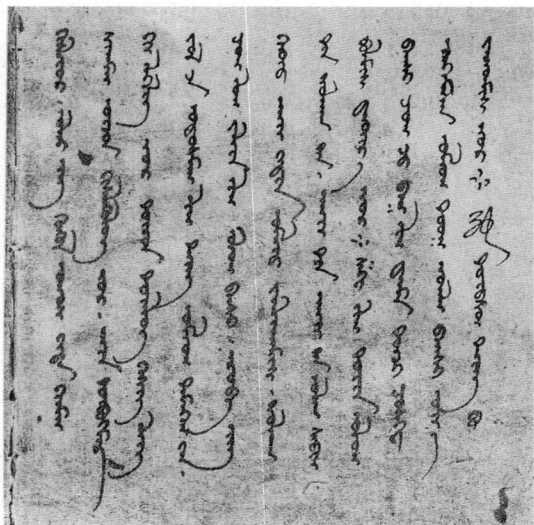

图 45　回鹘文写卷

记录，这两份写卷是从卷堆的最上面拿下来，有彩绘的大封面。
我清楚地记得，当时它送到我手头上时是打开的，放在最上面。
当时一起拿来的除了紧紧裹着的各式织物残片，还有用婆罗米文
书写的菩提文书，样式混杂不一。

　　总而言之，有纪年的回鹘文本子很可能是在1900—1907年间
混入藏经洞，王道士的文章也是后来放到藏经洞里。当然，被混

入藏经洞的物件有可能不止这些，偶尔造访的游客和其他人员随时都可以进入这个洞窟。但据伯希和教授的考察，以及后来在大英博物馆对我带回的写卷的仔细清点，数千卷文书中并未发现其他晚期的东西，这说明1900年藏经洞被发现后，晚期串入密室中的东西并不会太多。依通常的情况来看，密室封闭的时间也绝不可能晚到公元11世纪前半叶以后，在它被封刃以后至1900年之间也不可能被重新开启又关闭过。但我们也必须承认，推断密室封闭的时限不可能像法律宣判一样来个一刀切。看一看1900年藏经洞被发现后的情形及其以后藏经洞所遭遇的情况就会知道，要想完全准确地推断密室的封闭时间几乎不可能。

这里再介绍一下伯希和教授造访以后仍留在王道士手头的藏经的遭遇，这批藏经的数目仍很可观。藏经洞发现重要汉文写卷并被王道士送走的消息很快就被一些中国学者知道。1909年上半年，当伯希和教授还在北京时，京城里的一些学者就曾对他手头的一些珍贵的写卷进行了研究和拍照，其中还包括一名很有学问的总督大人。不久，朝廷就颁布一道命令，将所有密室藏经全部运抵北京，并为修缮庙宇拨给了一大笔款子作为补偿。

1914年3月我重返敦煌，获悉1909年底或稍后确实有过这么一道命令，但这只不过是一个良好的愿望而已。王道士把我当作一个老施主和好香客热情地欢迎我的到来，他告诉我，我所捐赠的款子已全部用于庙宇的修缮，而朝廷拨下来的银两，则被各级衙门层层克扣。全部的藏经经过包装以后，被马车运走。在敦煌停留了一些时日后，便开始了送往北京的漫漫征途。在敦煌停留期间，不少经卷被盗走，我自己就曾见到过送上门来的精美的唐代佛经卷子，价格很低廉。随后的保护工作肯定也好不到哪里去，因为我在肃州和甘州又收购了一批藏经。还有一些写卷肯定已流入新疆地区，因为我在新疆的许多衙门里都见到了此类的经卷，我甚至还从一些低级官吏那里弄到一批卷子。至于有多少文书被运到了北京，又是如何保管，那就只有天知道了。

经历了官府对他所珍爱的"经书"的一番折腾，王道士深为自己1907年的做法后悔不迭，当时我曾经蒋师爷之口提出过获得所有的藏经的请求，但王道士没有长远的考虑，也没有足够的勇气，他回绝了我们的请求。王道士在敦煌辛辛苦苦募集的钱财中，捐资数目最多的是我，其次便是伯希和教授。他用这些钱修建了一处华丽的庙宇和一幢宽敞舒适的客栈，这使他感到很称心。将钱用在这里，也是王道士对官府巧取豪夺最好的嘲讽。当官府下令运走藏经时，王道士曾设法将一部分他认为特别有价值的汉文写卷另藏了起来。这批卷子的数量想必也不会太少，1911年桔瑞超就曾取走一部分卷子，后来我再度造访这一遗址时，还有丰厚的收获，满满地装走了5箱的汉文经卷，大部分保存完好。为了获得这些经卷，捐赠额自然也得增加。我怀疑直到现在王道士的小库房还没有被取光。到这里，王道士的故事也就讲完了。

第三章

千佛洞的绘画

第一节 绘画的发现和研究过程

前面谈到，在封闭的石室中匆匆翻检之后我发现了许多东西，其中我一眼就看出那为数众多的绘画的价值和意义（它们都裹在各种包裹里或写卷里）。幸运的是，王道士对这类珍品漠不关心，它们的艺术价值和宗教特性都没有引起他的注意，这极大地方便了我的挑选工作。所以尽管在仓促翻捡中遇到了一些困难，我还是成功地搬走了石室中所藏的绘画、素描以及类似艺术品的大部分。它们数量很多，意义很大，所以我首先来说这些绘画。

在王道士的石室中我挑选得十分仓促，根本没有时间细看这些精美的佛教艺术珍品。但我发现这些绘画时，它们的保存状况，以及后来把它们安然无恙地捆扎好，都使我觉得十分幸运。大多数画绘在细密的丝绸上（有的丝绸纹理像纱），其余的画所用材料是麻布或纸。多数画使用的是更珍贵的丝绸，这一点本身就很有价值，因为我很快就发现，丝绸上的画作一般画得更细致，工艺更高超。但因为材料很细致，它们也更容易受损，这极大地增加了安全转移和研究的难度。

在各种包裹里发现的一些窄幢幡是整齐地卷起来的，丝绸依然柔软、有弹性，所以幢幡可以轻松地打开。幢幡因埋在还愿用的织物、废纸中间，所以丝绸没有受压，也没有变硬。

但其他包裹中的画境遇要糟得多。有些画夹在包裹中间，包裹中是厚重的汉文卷子。我们一眼就能看出，它们几个世纪以来承受了多大的重压。如今它们已经变成了十分紧实的小包裹，又脆又硬。任何想当场打开它们的举动，都可能会使脆硬的织物破裂或剥落。那些大绢画（我们后来发现，其中有些高达7英尺）由于折叠起来，受了近900年的重压，加之在封入石室之前可能也没有得到精心的料理，所以遭受了更多的损坏。有些大画似乎在当初存放起来时是用某种固定的方式折叠，但我还是不敢将其完全打开，生怕加剧它们所受的损伤。绝大多数画或大画的残片，看起来完全是一小堆乱七八糟、皱巴巴的硬脆的丝绸，根本无法判断其中有什么内容。当时我还看到，很多大画上沾了灰，或用粗陋的针脚缝过，或用粗纸裱过，还有其他类似的修补之处。这些都充分说明，早在被封存之前，它们就饱受漠不关心、烟熏火燎及尘封之害。

把这一卷卷脆硬细致的丝绸打成包裹来运输，真是一件艰巨的任务。而在运抵大英博物馆之后把它们打开，则更为艰难。好在大英博物馆绘画部的全体工作人员都被调动起来，花了6年多的工夫，终于克服了这些困难。大多数绘画，不论大小，都要先经过一种特别的化学处理，然后才能由专家来将其安全地打开，之后才能进行研究。这些工作给人带来不少惊喜，因为有些绸卷乍看起来很不起眼，但当皱缩、易碎的丝绸重新恢复了原来的柔软性之后，我们发现，它们竟是精美的绘画。尽管有些画已残破不全，但仍有很高的艺术价值。用这种方法，某些大画缺失的部分时常可以从另外一团脏污的绸卷中得到。

　　表面经过精心处理之后，每幅绢画都要加固，以确保人们能安全地拿取它们。小型丝绸幢幡画被临时裱在有大网眼的细纱上，以便人们也能看到其背面（因为小幢幡背面也画了画），然后再装在玻璃框中。大绢画先得裱在薄薄的日本纸上，这样就能用远东国家的传统方式把它们卷起来加以保存，图46即为裱在丝绸上的绢画。我们最终要将这几百幅画永久性地裱在精心选择的日本丝绸上，用轻巧的木框装起来。这项工作费时费力，加上第一次世界大战的影响，至今（1917年）任务尚未完成。有些图拍摄的日期较晚，拍下这些画最终裱在丝绸上的样子，这种待遇对它们来说才算公平。

　　这些漫长的工作主要是在劳伦斯·宾勇先生精心的长期监督下进行。由于他渊博的知识和不懈的努力，加上开始时锡德尼·考

图46　绢画，画面为佛教净土

温爵士的帮助，学者们才能方便地研究这些精美的佛教艺术。对此，人们不能不心怀感激之情。工作人员尽量不做任何修复。但是，大绢画本来用素绸或其他织物做了镶边以便于把画悬挂起来，这类镶边有的没法保留下来（图47）。因为，绢画裱贴之后，由于镶边的材料与绢画主体不同，会发生收缩，不利于绢画的保存。于是，有几件大画原来的镶边被换成了一条条适当的日本织锦，用传统的挂画方式裱贴起来，这样人们一眼就能看出裱贴物是现

图 47　绢画，画面为观音及供养人

代的织物。上述保存和处理方法在做了适当调整后，也应用于麻布画和纸画。虽然麻布和纸便宜，不太细致，麻布画和纸画的艺术价值一般也没有丝绸画高，但由于麻布和纸比较结实，所以减少了保存所需的工作量。

　　在石室中一眼见到这些画时，我就意识到它们高超的艺术水平和它们在中亚、远东佛教发展史和佛教造像史上的地位。但是，只有当大英博物馆在保存它们的过程中越来越多地揭示出它们的丰富性和多样性之后，我才完全认识到它们的多种意义，以及对它们进行细致研究所需的工作量和难度。最初发现这些画的位置和它们的保存状态，以及某些画上标注的日期，都清楚地表明这些画作绝大多数属于唐朝和唐朝之后的一个世纪。同样可以确信的是，它们的内容几乎都是大乘佛教的神祇及故事场景——当时，大乘佛教正流行于中国西部边陲。从它们的题材和风格中，我们可以清楚地看出直接取自希腊化佛教艺术的因素、这种艺术在途经中亚或西藏时所发生的变形及其对中国本土艺术的强烈影响，尽管各种影响在不同画作中的比重有所不同。

这些新发现的画作表现出了一种混合风格，这不仅增添了人们对它们的兴趣，同时也增加了对它们进行准确分析的难度。从艺术的角度看，人们一眼就会发现，中国风格和情趣占主导地位，这更增添了它们的艺术价值，因为据我所知，唐代画作的真品保存下来的极少。从造像的角度来看我们也很快发现，这些基于印度观念和形式的画作，清晰地显示出佛教在向中国传播并被中国接受的过程中，所发生的不小的变化和发展。我们可以把它们同后来远东（尤其是日本）的佛教艺术相比较来进行研究。此外，要想解读这个佛教"万神殿"，还应依靠许多绢画上的题识，不管它们是题榜还是献辞。这些题识不仅能提供关于供养人、日期的信息，而且能提供关于神及场景等的情况。这些题识显然要处理，我急需一个工作伙伴，他应当对佛教造像艺术有专门研究，并且熟悉汉学和远东艺术。

不仅我自己急于找到这样一位工作伙伴，而且富歇先生也提出了这样的建议。1919年夏天，富歇先生研究了当时可以研究的画作。凭着他对佛教造像无与伦比的学识，他给我提供了虽然简短却很有价值的笔记，阐述了绘画题材的大体分类和相关的造像艺术问题。关于这些绘画在艺术上的不同特征，我有幸得到了劳伦斯·宾勇先生的极有益的帮助——他是专门从事远东绘画的，并一开始就对这些画产生了浓厚兴趣。

通过宾勇先生的友好介绍，我找到了一位极合适的工作伙伴拉斐尔·彼得鲁奇先生，来共同研究这些画作。彼得鲁奇先生已在不止一个研究领域有杰出表现，他不仅是一位热忱的远东艺术家、鉴赏家、收藏家，而且在沙畹先生的指导下正在学习汉学。这位极有天赋的学者已经连续出版了几本关于中国和日本艺术的重要著作；这足以证明他完全有能力承担我上文所说的艰巨任务。1911年秋，在彼得鲁奇先生多次参观了这些艺术品之后，他表示愿意承担千佛洞绘画作品的系统研究工作，我非常欣慰接受了他的提议。1911年11月16日他给我写了份备忘录，其中详细说明了他给自己设定的任务以及完成这一任务的详尽工作计划。

在此后两年中，彼得鲁奇先生为完成这一任务倾注了大量心血。他仔细研究了绘画和画中的题识（有的是通过原件，有的是通过专门为他准备的照片），还收集了有可能对绘画造像提供解释的汉文佛经。作为这些研究的第一期成果，他于1913年给了我一份介绍性章节的草稿，其内容是画中的题识及从题识中可以发现的信息。约在同时或1914年初，他在另一篇文章里讨论了复杂的大画，或称曼荼罗，这是藏品中尺寸最大、艺术价值最高的一些画作。彼得鲁奇先生从汉文佛经中还成功地收集了大量章节，用以识别画面主体及两侧条幅上的佛本生故事场景、个别神祇等。当此之时，由于德国入侵比利时，他无法回到比利时的家，所以也无法利用那里的写卷等资料。

在第一次世界大战中，彼得鲁奇先生约有两年无法继续对这些画进行研究。他参加了比利时红十字会，大部分时间忙于从事志愿的医疗护理工作。因为，除其他方面的科学成就外，他还精通医术。即便如此，他还抽出时间来再次看了藏品，并对藏品如何在印度政府和大英博物馆之间分配提出了建议。同时，幸运的是，他还把写卷安全地转移到了荷兰的朋友那里。我于1916年回到欧洲，在我的要求下，他安排别人将他手写的与附录有关的所有笔记、摘抄资料等誊抄了一遍（威德希教授监督了誊抄工作）。年末，在英国外交部的帮助下，大量的写卷安全地送到了当时在巴黎的彼得鲁奇先生手中。

他的材料被挽救了出来，又可以用于完成那项艰巨的工作，这是命运赐予这位热情的学者的最后一件乐事。1916年5月我途经巴黎时，发现他正精神抖擞地全身心投入在工作中。但几个月之后，一种内科病开始折磨他。尽管秋天他还能支撑着对《千佛洞图集》的准备工作提供热心帮助，但到了1917年2月，他的病情已很严重，必须做大手术。手术虽很然成功，但一周后残酷的命运击中了他，在医院里感染的白喉夺走了他的生命。

对彼得鲁奇先生所给予的帮助我满怀感激。为方便将来其他学者做更细致的研究，1911 年我在图版中收入了尽可能多的有代表性的不同种类绘画、素描以及版画的照片。出于同样考虑，我在书中尽可能收入了所有绘画的描述资料，以便学者们对那些没有图版的画也有可参考的资料。下面的工作是必须先将画作归为几类，然后再将各类画加以比较，才能知道其造像和艺术处理上的基本特征。彼得鲁奇先生研究工作的第二大部分中就含有这一内容。由于他的早逝，不得不由我来做这个分类，尽管能力有限，我却只能勉力而为了。

关于画作的分类，我有幸可以参照彼得鲁奇先生的备忘录，以及富歇先生 1910 年参观藏品后交给我的那些虽不长却很有益的笔记。无论是画作所用的不同材料（丝绸、麻布或纸），还是不同风格，或是凭现有知识能确定的它们所属的不同时期，都不足以作为分类标准，于是只能将画按题材分类。考虑到造像的题材，我认为下述分类法最方便不过。

排在第一位的是关于乔答摩生平的丝绸幢幡画，其显著特点是纯粹的中国风格处理方式。

再往下就是那些"造像"画。根据它们所表现的是个别神还是一群神，可以将其再分成两大类。表现个别神的画又可以分成三种。第一种似乎应当是少数佛像。第二种是数量要多得多的各类菩萨像——有的菩萨无从者，有的有从者和供养人。在菩萨像中，首先应当说的是数量极多的幢幡。幢幡中神祇的身份大多难以确定，但可以依照风格分类，看它是更多地遵循印度佛教艺术原有的模式，还是表现出中国艺术对佛教原型的改造。类似的大菩萨绢画也可以通过造像特征分类。第三种是天王像和护法金刚像（天王和金刚是佛教神话的所有侍从中最受中国信徒欢迎的），这类画的造像特征和风格都比较明确。第二大类包括表现成群的人物且一般较大的画作。我们将先讨论画一组神或一队神的画。然后再讨论那些绚丽的、在佛教艺术上有重要价值的净土画，尤其是阿弥陀佛的西方净土（或称极乐世界）。这类画中有大量天堂人物，充分展示了半俗世的欢乐场面。

再次是一组风格题材不一的画。它们大多数是素描（其中有几个是非佛教题材），还包括大画和壁画的草图、人体图或符咒图等。

最后我们将简略地讨论一下版画——大多数版画上印着文章或发愿文，表明版画艺术很早以前在中国就达到了相当高的水平。

第二节　绘画的时间和环境

关于绘画的日期和来源，某些画上的题识可以给我们提供精确而充分的指导。由于彼得鲁奇先生已经在关于供养人那一章里详尽地讨论了题识，所以我在此只提一下基本情况。题识都是发愿性质的汉文，其日期为公元864年到983年之间。公元983年已接近公元11世纪，据我们判断，石室就是在公元11世纪初被封起来的。但画作中极有可能有比公元864年还古老的。藏经洞中许多汉文写卷的年代就比公元864年早几个世纪。而且，我们不应忘记，在较大的绢画中，有的从其非凡的风格和处理方法来看，似乎属于较早的时期。正是这些画受损较严重，所以其底部连同底部可能有的题识都缺失了。

总的来说，似乎可以下这样的结论：大多数绢画等都出自石室封存前的两个世纪。前面曾说过，约在公元850年，敦煌从长达一个世纪的吐蕃统治下解脱出来，重归唐朝，这很可能使这一中国最西部的重镇更加稳定，至少在一个半世纪后唐朝灭亡之前应当是如此。这样一个相对和平的时期也可能使千佛洞受益，人们又在其中添加了艺术上的装饰品。

我们知道，唐以后不久，邻近敦煌的瓜州再次与中原隔绝。由于东边和东南的回鹘、西夏的势力日增，这一隔绝状态保持了几个世纪。[1] 但纵使在此前我们提到的那段和平时期，敦煌与中原

1　公元938—942年出使和田的汉使发现，这一边远地区总是受到南部吐蕃的威胁，但他说，敦煌当地居民主要仍是汉人。公元910年的一件题识所用的年号实际上已经被终止使用6年了。另一件公元947年的题识中表明，供养人并不知道本朝已经在一年前灭亡了。这些都清楚说明了敦煌与中原王朝的隔绝状态。

王朝有效统治区的政治、贸易联系也不可能太紧密。因为，自从西域被突厥人和吐蕃人控制后，敦煌便只是边陲的一片绿洲而已，对中原王朝已不太重要。这一点足以解释为什么在公元9世纪和10世纪，作为布施品出现在敦煌千佛洞的绘画大多来自当地。幸运的是，关于这一点，绘画上有发愿性质的题识也提供了直接的证据——题识中记录着那些为死去亲属的灵魂祈祷，或为获得健康、和平、发达等福祉而献画的人的名字。

在彼得鲁奇先生研究的题识中，有十几个供养人及其家人都是官员，有几个官员的头衔表明，他们都是地方官。[1] 在六七幅画作中，我们也可以得出同样结论，因为供养人的名字表明他们属于张、曹两族——从历史记载中我们知道，在数个世纪中，敦煌及其邻近地区形成的"半独立王国"的首领都是张、曹两家（图48、49）。[2] 别的题识还表明供养人地位不太高，有的是僧尼，这说明他们献的画一定出自本地。

唐朝在西域的影响力减退后，敦煌开始变得多灾多难，而且在地理上与中国内地相距遥远。但是在上述时期内，当地居民完整地保留着中国的文明和语言。历史记录（尽管数量不多）、石室

1　供养人前面都冠以"关尹"的头衔（似指"观察处置管内管田押番落等使"——译者），这似乎是敦煌于公元850年重归中原王朝后敦煌最高长官的名称。

2　早在公元4世纪中叶，张氏家族中就已有一人担任了凉州（几乎相当于一个独立王国）及以西地区的长官。

中的大量写卷、石窟壁上或画上的题识都可以证明这一点。我们应当注意到，绘画和版画中的供养人不论僧俗，一律着汉服，五官也是汉人。我们之所以认为供养人像有价值，是因为在我们看来，供养人像都是现实主义风格的。

同时，敦煌的位置可以说是亚洲腹地的十字路口，所以它一定易于受到来自西边的新疆和南部吐蕃的影响。显然，千佛洞的绘画和壁画中的佛教造像形式在很大程度上受到来自新疆的影响，从某些方面讲这种影响有时甚至占主导地位。但是，凭我们目前的知识，很难（甚至不可能）确定，敦煌在何种程度上感受到来自中亚佛教艺术的影响，这种影响又有哪些是在汉传佛教之前就已传入并被汉传佛教吸收。无论如何，有足够证据表明，塔里木盆地、敦煌北部和西北地区等中亚地区的佛教人士来过敦煌，因为在石室中藏有大量梵语、和田语、龟兹语、粟特文和回鹘文卷子。

考虑到敦煌有整整一个世纪处在吐蕃的控制之下，此后也与吐蕃部落相邻，某些画中或者显示出吐蕃风格的影响，或者写有藏文，也就不足为奇。有一组彩绘幢幡数量不多却很有趣，所画的菩萨像在处理方式上显然是印度风格，显示出来自更遥远的南方艺术的影响。这种影响可能来自尼泊尔，经西藏传到这里。但同长期的政治纽带联系相比，同石室中发现的大量藏文写卷和版画相比，吐蕃或半吐蕃风格的画看起来数量就很有限了。对此，大概可以作如下解释：尽管住在佛寺中的吐蕃僧人可能为数不少，还有一些吐蕃僧人常来此地（如今也是这样），但那些以献画方式装饰寺院的虔诚的供养人几乎都是当地汉人，或者偏爱汉族艺术。过了很长时间之后，藏族风格和喇嘛教才对中国的没落佛教艺术产生重大影响。

还有一点可以证明敦煌艺术品受到的吐蕃影响很有限。我指的是，千佛洞绘画和壁画完全没有密教的那种夸张或不堪入目的猥亵场景（这一点很让人高兴），这类场景在后来的一些西藏及受其影响的北部地区喇嘛教艺术中十分常见。敦煌的一些西藏风格画中确实已经出现了扭曲的动作、夸张的肢体、狰狞的面目等迹象，这些都是后来藏画风格的显著特征，但是庄重的中国审美观却从未误入这种歧途。正如富歇先生在笔记里所说的："敦煌的各种神像都是为了满足供养人的需要而画，供养人的趣味都很严肃，而僧侣们则更注意体面。"

彼得鲁奇先生从供养人献画的题识中讨论了人们献画的目的。相当多的题识是为死去的父母和亲人祈祷安宁，还有大量题识是祈祷供养人及其家人的健康和发达。除了这些常见的内容，有一些题识是为本地祈祷和平与安全。在此值得注意的是，这类供养人都是高官，几乎都出自张曹二姓——前面已经说过，在几个世纪的时间内，敦煌的地方官都出自这两个家族（图48、49）。彼得鲁奇先生还提请大家注意，除了完全符合或基本上符合正统佛教教义的思想和愿望，题识中流露出的想法和希望常常同中国传统思想或道家思想有关。它们反映出，各种思想已经开始融合，结果是产生了一种奇怪的混合物，这就是如今在中国占统治地位的

图48 绢画，画面为观音

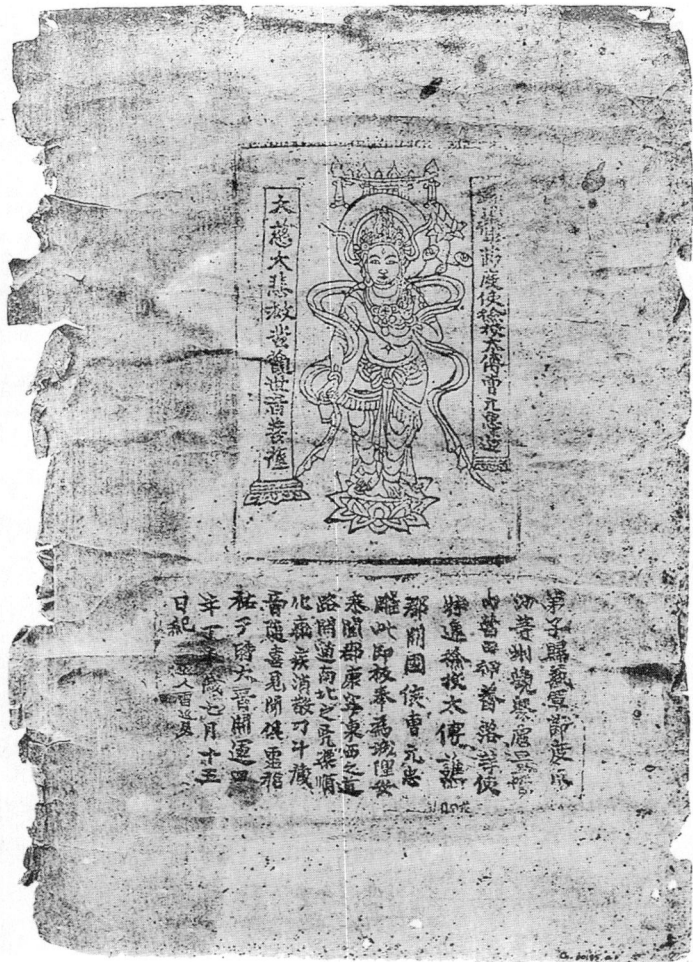

图 49　雕版印刷的佛教祈祷文

宗教和迷信。

　　毋庸置疑，向朝圣地献上画有佛教神祇和佛教神话场景的画，这种做法可以上溯到大乘佛教最开始在印度传播的时期，甚至可能更早。但在印度，由于气候等不利因素的影响，除了阿旃陀山洞和其他几个不太重要的地点，这类绘画都没有保存下来。在印度佛教经典或中国朝圣者留下的关于印度的记录中，很可能曾提到过这类可以携带的绘画，但是我没有时间寻找这种记载，甚至没时间确证一下，这类记载究竟是否存在，或在哪里出现过。但从和田到吐鲁番的中亚地区，有大量考古实物可以证实在朝拜地献画的做法，无须求助于详细的文字记载。其中，只需提一下1900年我在丹丹乌里克佛寺的雕像底部发现的彩绘木板（这可能是其起源和性质均可证实的第一件此类中亚遗物），还有格伦威德尔和勒柯克教授在吐鲁番遗址挖掘出的绢画，其类型和题材很像千佛洞发现的大量绢画。

　　不论所用材料和题材如何，这些画都是用来挂在庙中。我们在上文提到的宋云所做的一个有趣的记载就证明了这一点。他提到，公元519年他来到和田以东的一座著名伟寺（我认为，这座佛寺就是达玛沟西北的朝圣地乌鲁克—齐亚拉特），在那里，"悬挂着数以万计的幢幡和刺绣华盖（或称吊帘），半数以上的幢幡都是北魏时期的"。此处我们不必考虑，宋云所指的幢幡是否一定来自中国内地。有一点值得注意，他进一步提到，在有汉文题识的幢幡中，许多题识上的日期相当于公元495、501和513年，"我发现，只有一幅幢幡的日期是后秦时期（公元384—417年）的"。由于这位中国旅行家有很高的文物鉴赏力，我们可以相信上述记载的可靠性。由此可知，佛寺常把献来的画、刺绣等保存很长时间。敦煌石室中出土的大量绘画等物，说明这种习俗在这里也很盛行。西方的寺院从古至今也有类似做法，这总是有助于装点教堂。[1] 熟悉东方或西方朝圣地的人都会明白，除了审美和宗教原因，这种做法大多有其现实原因。寺院的住持愿意对从前的施主表示敬意，因为他不仅得益于施主的布施，还希望借此来吸引新的布施者。

正是因为寺院从自身利益出发保存布施物，我们才会在石室中发现两种奇特的艺术品。一类是数量极多、残破不全的绢画、幢幡顶饰等——早在封入石室之前，它们就早已残破；另一类是数量同样很多的各种窄条纺织品，它们无疑曾一度作为特别的捐献物挂在石窟寺中，这种做法至今在东方仍极为常见。在此需说明一下，这些已成碎片的复杂的拼贴布和装饰性吊帘充分表明，

1　当代的研究充分表明，从古代起，尤其是拜占庭时代，彩绘、手织、刺绣的作品（大都很精美）对装饰基督教堂都起了重要作用。最近人们在埃及古墓中发掘出了许多这种精美的纺织品，最古老的是公元4世纪的。

后面在讨论千佛洞古代纺织品时，我们还将提到东西方之间的相似性——由于早期拜占庭时代和唐代都可以见到大量受萨珊风格影响的作品，这种相似性就更引人注目了。

由于这类纺织品轻便、易于运输，它们在东方艺术影响西方基督教世界的过程中起了不小的作用。在中亚晚期的佛教艺术中可以越来越清楚地看到中国式佛教艺术的反作用，是不是可以假定，在这个过程中，彩绘纺织品也起了相当的作用呢？

当地寺院把即便是最普通的捐献物都精心保存了起来。

　　既然这些绘画是被朝拜者当作布施之物捐献给佛寺，这无疑会影响到绘画的性质和制作过程。只有在供养人家道颇丰并特别虔诚的情况下，绘画才有可能是按供养人的要求，由专门艺人绘制。这种情况很少见。某些藏品中的大画需要艺术家的大量劳动，所需费用肯定也比较高，还有些较小的画的精美做工和画艺表明其出自大艺术家之手，这两类画大概属于上述情况（图50、51、52）。但是，可以说，大多数绘画都是为市场而作，储存在敦煌以便卖给有意捐画的朝圣者，或者在特别的节日期间运到千佛洞来当场出售。你只需在朝圣者很多的时节逛一逛巴黎圣稣尔比斯教堂附近的画店、雕塑店就会发现，那里也有大量艺术品出售，东西方之间的这种相似性很能给我们以启发。

　　这些画的用途极大地影响了它们的工艺及其相对单调、有限的题材。我们一眼就能看出，许多画作有一个奇怪的特征，这一特征是其用途造成的。我指的是，大量的画作上面或两侧的题榜是空白的，而本来题榜上无疑是该写上名字或题识的（图50）。这并不难解释。题识和汉字的书法艺术有关，写题识也就不是画匠的事了。在多数情况下，由于画匠作画不是为了某个雇主而是为了到市场上出售，并不知道画将卖给谁，所以他自然将题识空着，由未来的买主花钱、费工夫将其填好。而买主也常常不可能为题识去费工夫，尤其是因为他很可能只是在将朝圣之前或当时才想起要捐点什么——这也是人类的普遍弱点。富歇先生提到，写卷

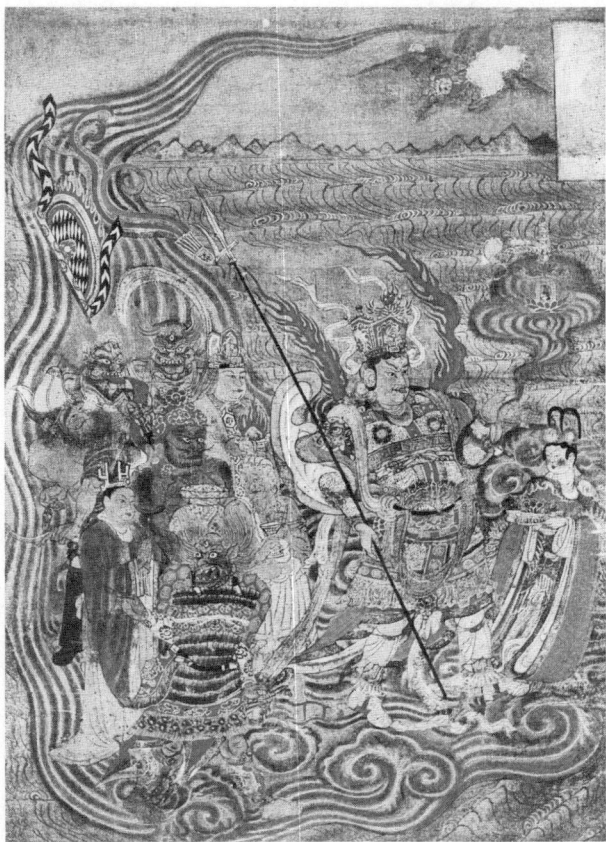

图 50　绢画，画面为毗沙门天王及随从的神灵鬼怪

图 51　绢画，画面为观音

图 52　佛和星神

图 53　绢画，画面为毗沙门天王及其眷属

图 54　绢画，画面为地藏菩萨及侍者和供养人

中不少本来应该是小画像的地方也是空白的（图54），这也可以佐证为什么千佛洞画作中有如此多的空白题榜。更奇怪的是，有些情况下，本该写上供养人名字和发愿文的地方也是空白的。可能捐画者确信，即使不写发愿文，神也知道他们是谁，他们的愿望是什么。

第三节　画的结构、材料和工艺

　　如果不考虑画的题材、材料，并且将为数不多的非捐献品（比如速写、印花粉印图、示意图等）也排除在外，根据画的悬挂方式（这必定会影响到画的安排和形状），我们可以将所有画作分成三大类。第一类是挂在石窟寺的墙上，这类画几乎全画在丝绸或麻布上，而且尺寸常常很大。我们要注意，在石窟寺中，内厅、过道及大部分前厅墙上都画了复杂的壁画，已形成布局很完整的装饰，无论再用什么方式挂上画，都会破坏壁画的装饰效果。于是我们想到，这些画，或其中更大的那些，大概是用来装点宽大的木制游廊的——如今一些大石窟寺就有这种木质游廊（图21），其修建年代都不太久远，但很可能在较远的古代，也曾有过类似的建筑。还有一个事实大概可以证明，它们要么是挂在游廊上，要么是挂在僧侣居住区的大厅和前厅中（图55）。由于石窟内透进来的光线很微弱，人们几乎无法看清这些画上复杂的细节部分，更无法体会其高超的艺术价值。

图 55　丝绸幢幡及纸幢幡，画面为菩萨

这类画只有极少数裱在纸上或布上，似乎平时它们是卷起来存放，其余的只是用丝绸或其他纺织品做了边。边通常为紫色，无花纹，但有几幅的边上绘着或印着植物图案。有几幅画仍保留着可将其悬挂的吊环（图56、57）。不管最初为什么没有把大部分画裱糊起来，总之，由于主体和镶边在长期悬挂过程中被拉长的程度不同，它们在封入石室之前就受了损。由于同样的原因，大英博物馆的工作人员不得不把许多画的镶边取下来，然后才能把画裱糊在丝绸上并装框。当然，无论这类挂在墙上的画用的是什么材料，它们的背面都没有绘画。这类画的总数为168件（包括虽然不完整却仍可辨识的几件），其中131件画在丝绸上，26件画在麻布上，11件画在纸上。

第二类画是幢幡，其数量在藏品中最多。幢幡的样式表明，它们可以随意地挂在石窟寺内厅、过道或前厅、游廊的顶上。幢幡主体为窄矩形，上面几乎一律画着单个神祇，神祇头上一般有华盖，底下一般有一条长菱形组成的带子。大多数神祇画在丝绸上，也有的画在麻布或纸上。但不论幢幡是何种材料制成，完整幢幡的顶上一律都有三角形顶饰以便悬挂（图58、59）。幢幡从顶饰的顶点挂起来，可以在风中飘动、卷起，观者便会看到幢幡的两面，因此，幢幡反面也一律画有与正面一样的画。正面神像的姿势从造像上来看一般是正确的，染色等也比较精细。丝绸幢幡几乎都用的是透明的纱，在反面绘画也相当容易，因为从反面可以看到正面的画，只需将线条描下来，加工一下就行了。显然，

图 56 绢画，画面为佛、菩萨及供养人

图 57 麻布画，画面为佛、菩萨及供养人

图 58　丝绸幢幡，
画面为菩萨

图 59　丝绸幢幡，
画面为菩萨

人们是有意用纱来做幢幡。纱制幢幡还有一个好处：当它们像前面所述那样挂起来时，不至于太多地影响石窟内的采光，因为我们已说过，石窟寺只能通过窟前的过道、前厅来采光。

幢幡三角形顶饰的材料一般与幢幡主体相同，不少顶饰上画着与其空间相适应的装饰性图案，也有的顶饰是空白（图60）。但有几件幢幡顶饰上不是彩绘图案，而是缝了一块刺绣（图61）或其他手织的华丽纺织品。我们还发现，有些三角形顶饰的镶边是精美的织锦条，以用来承受整幅幢幡的重量（图62）。顶饰镶边的顶点有一个吊环。

沿矩形彩绘幢幡主体的顶部和底部有窄窄的竹片或木条，以便使幢幡舒展开来，如图63所示，顶部竹片或木条连着三角形顶饰。底部竹片或木条下挂着一长条丝绸、麻布或纸（与幢幡主体材料相同），与幢幡等宽，但纵向分成四条、三条或两条。有些画底部的长条上绘着或印着单色的简单植物图案（图64）。长条的底端绕在一窄条竹篾上，然后用胶粘在一块扁平的彩绘木板上。木板可以将幢幡拉直，防止它被风卷起，上面通常画有植物图案。利用这块木板还可以很方便地将幢幡卷起来，便于运输或存放。我本人就曾这样做过。这说明，幢幡这样卷起来后保存得极好。矩形顶部的竹（木）条（或说是三角形顶饰的底部）挂着两条无花纹的长饰带，与幢幡主体材料相同，但颜色不同。安德鲁斯先生告诉我，这两条饰带可以自由地飘来飘去，使幢幡显得有动感，同时又不会损坏画面，或损害画面的效果（图65）。

图 60　丝绸幢幡，
画面为护法金刚

图 61　丝绸幢幡，
画面为护法金刚

图 62　丝绸幢幡，画面
为菩萨

图 63　麻布画，画面
为菩萨

图 64　丝绸幢幡，
画面为天王

图 65　佛教题材
的雕版印刷品

藏品中的幢幡共有约230件（含残件），其中，丝绸幢幡约179件，麻布幢幡42件，纸幢幡9件。

剩下的第三类画十分繁杂，包括各种绘画、素描等，其共同之处在于，它们都无法归入上面说的那两类，而且全部是纸画。其中有一些是表现佛教神祇的小画或素描，可能是比较寒薄的捐献品，用来放在神像底部或粘在庙门上，现在也有类似做法（图66、67）。某些形如日本长卷轴书画作品的画肯定也是捐献物，其中一幅画的是佛教地狱场景（图68），大部分素描也有宗教含义，虽然它们不一定都是捐献物。还有很多符咒、神秘图形或曼荼罗（图69、70）。最后，在一些汉文或藏文写卷口，还有小插图和素描——这类写卷几乎都与宗教有关（图71）。还有一小类是印花粉印图或速写，它们数量虽少却很有趣，因为从中可以看到大画最初是如何制作的。归入第三类的纸画共有100多幅。

此外是一组版画，同以上三类的工艺均不同。它们是世界上已知的最早的版画，其中最古的一件是一个雕版印刷的汉文卷子的开头部分，其年代为公元868年（图41）。我们发现，在50多件版画中表现了上述除幢幡外各种画作的题材。较大的版画数量不多，其中大部分是单个神像，并常印有汉文或藏文祈祷文，显然是还愿用的（图72、73）。

下面再简略地说一下敦煌绘画的材料和工艺。我们已经知道的材料有丝绸、麻布和纸，其中丝绸用得最多，丝绸画、麻布画、纸画各占约62%、14%、24%。所用的丝绸可以分成两类。上述第

图66 纸画，画面
为佛教神祇（人物）

图67 纸画，画面为佛
教神祇

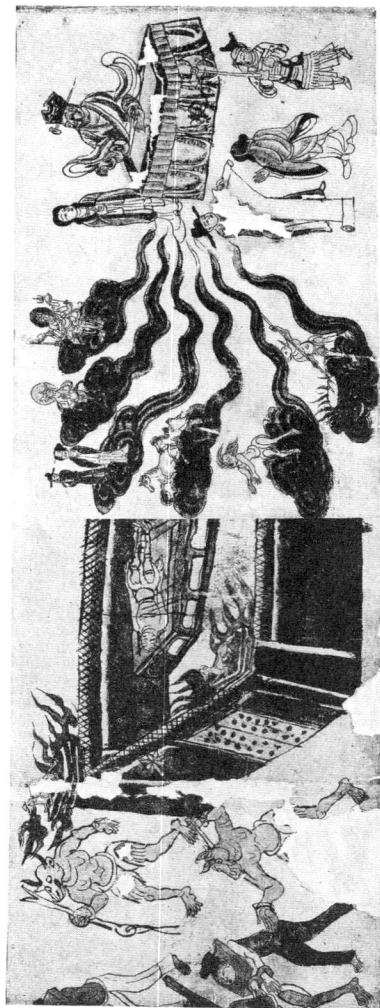

图 68　长卷纸画，画面为地狱审判场景

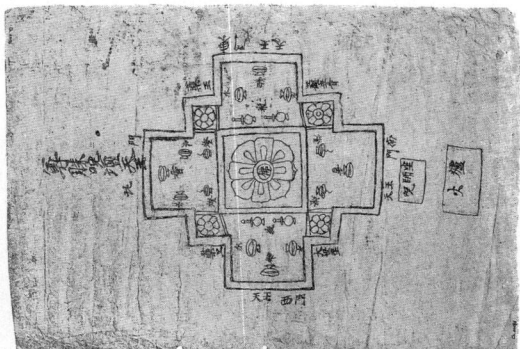

图 69　白描佛教符咒

图 70　白描佛教符咒

图71　纸画，画面为四大天王

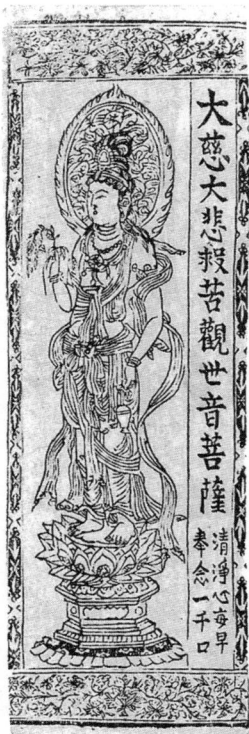

图 72　佛教题材的雕
版印刷品

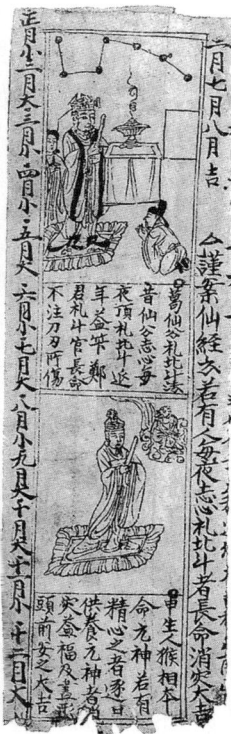

图 73　佛教题材的雕版
印刷品

一类挂在墙上的画中所用的几乎全是编织细密的素绸，而幢幡中用的丝绸虽也同样结实、细密，但纹理却更像纱。前面说过，之所以如此，是因为幢幡要挂在空中，所以用透明的材料比较好。麻布则更像质地不尽相同的帆布，织得很紧密，安德鲁斯先生说它们像"当代画家用的未涂底色的帆布"。专家们用显微镜观察了几件这种帆布似的材料，发现它是用亚麻纤维制成，但这并不排除有的布是棉布——大约从汉代起敦煌地区就已使用棉布了。纸画所用的纸张，单凭肉眼和触觉就可以发现其纹理、颜色等不尽相同，但至今未对它们用显微镜分析过。冯·威斯纳教授曾用显微镜成功地研究了麻布，如果也用这种方法来研究纸画及千佛洞有纪年的汉文卷子所用的纸，大概可以对纸画年代的确定有所帮助。

由于种种原因，迄今为止尚无人对丝绸、帆布和颜料做过化学分析。但可以看出，绘画工艺是中国式的。除一个特例外，所有的画都是水彩画。这幅特例是在帆布上先涂层蜡，再用蛋彩画成，画的是精美的多罗女神像。该画的风格和题材都是吐蕃式，更证明了上面所说的那个规律。我的同事和我都与原件相隔万里，无法对原画进行系统研究，也无法得出详细的结论。既然如此，我在此很乐意把安德鲁斯先生给我的关于这些画的工艺的一张便条抄录下来：

所有的画用的都是蛋彩水胶颜料，颜料中加入了水和一种黏合剂。主体颜料（如紫色或猩红色）上薄薄地涂了层透明颜料。织物似乎先要在浆或矾中浸一下，以便颜料能涂得均匀，并防止较薄的颜料流散得过开。

上过浆后，把图样转移到材料上去，其方法或者是用针刺的印花粉印图样，或者当所用材料为彩色薄纱时，只需把图样放在纱下，将其描下来即可。然后用小号毛笔蘸灰色颜料将轮廓线固定下来。当所用材料为彩色且颜料较淡时，轮廓线有点像细细的墨线；当所用材料颜色较深时，轮廓线颜色则较浅。然后在轮廓线内薄薄地涂上颜料。

颜料碾成极细的粉末，很有覆盖力。几乎所有颜料的主体都是一种十分有效的白颜料——在单独使用这种白颜料的地方。由于至今尚未对它进行分析研究，所以它的成分尚不得而知。但它纯度很高，经过这么长时间也没有变色，说明其中大概不含铅。可能用的是一种质地很细的白色石头，类似于至今在东方仍用于绘画的石灰岩。

颜料主体均匀地涂上去之后，再极为精细地进行晕染，描绘颜色的细微变化。人物的脸颊、指尖、足尖、肌肉、莲花上的粉色极为精致，在精美的绢画中尤其如此。最后用果断、流畅的毛笔线条画上轮廓线，许多轮廓线都画得极好，表明画家对素描十分熟悉。

很可能最后的线条是由技术更高的画家画的，因为经常发生这种情况：最后的轮廓线并未完全遵循开始的灰色线条，而是将其进行了改进。灰色线条常常是犹豫不决、软弱无力的，似乎是新手画的，而最后的轮廓线则几乎总是显得果断而有力。所用颜料种类很多，其中包括金色，但几乎每幅画都颜色和谐，赏心悦目，许多画色彩均衡，十分精美。

最后我要简单说一下，许多画本身表明，它们在封入千佛洞石室之前经过了处理。有些画粗略地修补过，说明它们尚被用于装饰洞窟的时候就已遭到了损坏。还有几幅画没画完，可能香客太急于献画了。有几幅画底部缝了另一幅画，上面的确画着供养人，但根本不是原来那幅画的供养人，大概是因为信徒比较粗心大意，或者是住持只为了面子上好看，在一幅破画上打了补丁。还有一些颜料已褪色或已损坏的绢画，被刮去原画后重新作画，或者在旧画残片上再画新画。

第四节　佛传故事幢幡

按上文的分类法，第一类画画的全部是佛的传奇生平或与此相关的内容。这类画不仅在造像和艺术上相当有价值，而且其题材、风格和外部特征也很有特色。它们共有26件，有的完整，有的不完整。我们一眼就看得出，它们全是窄窄的丝绸幢幡。其中最大一幅的长度为25英寸多一点，其余的除附件外，可能都不超过这个长度。它们的宽度也很类似，其变化范围为6.375～7.75英寸（图74）。由于幢幡较窄，所以各场景总是自上而下排列。大概由于幢幡的长和宽之间一般有个比例，每幅场景又都需要一定的空间，因而每幅幢幡上画的场景一般都是4个（图75），但也有例外。

各场景之间或是用横边隔开（有的有花纹，有的无花纹），或是用风景等来表示场景之间的转换。场景上常常伴有黄色、土黄色或类似颜色的题榜，多数沿垂直的边放置（图76）。但不幸的是，只在少数情况下，供养人才舍得花工夫和钱让人在题榜中写上说明文字。当然，大部分场景对当时的信徒们来说不言自明，对我们而言也是这样。但为了解释某些场景，我们却需要题识的帮助。所有佛传幢幡的两侧都手绘了边，边上常常有复杂的植物图案，也有的没有图案。

这类幢幡不仅题材和外部特征类似，而且风格也类似。这些传统题材都是用纯粹的中国风格处理。在当地艺术家手中，它们经过了变形。这一规律也适用于画在阿弥陀佛净土画等大画边上的佛传故事或佛本生故事。宾勇先生指出，世俗人物的身材、服装、运动及画面的背景（无论其是建筑还是风景），都被画成了汉族风格。与此形成鲜明对照的是，在所有幢幡和大画中，佛和菩萨的身材、服装都多少遵循着起源于印度并经中亚传来的佛教艺术传统。

从多个角度来看这个问题都很有趣，所以它一开始就引起了我们的注意。但大家对此所作的解释不尽相同。彼得鲁奇先生认

图 74　丝绸幢幡，画面为菩萨

图 75　绢画残片

图 76　丝绸幢幡，画面为传说中的佛教故事

为："在非世俗题材上，外国传统很容易保留下来。但在表现释迦牟尼的实际生平时，中国环境要求画上的形象对中国人来讲具有真实感。于是在来自西方的传说中，中国人加入了自己的观念。"而宾勇先生却认为，这一现象的原因大概在于："这些画的原型在中国出现时，中国还只有口头传播的佛教传统，那时大乘佛教还不流行，人们对印度造像还不熟悉。佛教在中国开始传播时，释迦牟尼本人的形象肯定比后期重要。所以这些幢幡中很可能保留着很古老的绘画传统。"

我们对中国佛教的早期造像尚缺乏足够知识，我本人的知识更是有限，所以我似乎没有资格对这个重要问题作出判断。但我觉得，有一些考古学上的事实与这个问题直接有关。首先，我们应当注意到，山西北部云冈石窟中也有一些引人注目的浅浮雕，雕的是佛祖生平故事，这些佛像的年代约为公元5世纪中叶，是中国已知的最早佛像。沙畹先生和彼得鲁奇先生已充分指出，佛像的大量特征无疑受了犍陀罗艺术的影响，刚刚提到的出自云冈第二窟的那11块佛传浮雕中就可以明显看出希腊化佛教艺术的影子。但同时我们也可以清楚地发现，人物的身材和服装已经发生了变形，变得更中国化了。为说明这一点，我将特别提到"出游四门"场景中所画的悉达多王子和其他地位不及他高的神祇。

我们的佛传幢幡与云冈石窟浮雕之间有一个很重要的相似之处，那就是"出游四门"。这个事件发生在佛决心弃绝尘世之前，是佛教传统的重要内容。但在迄今为止发现的上百件犍陀罗浮雕中，没有一件是表现这个故事的。而在云冈石窟中，我们发现这个故事体现在连续的浮雕之中。我们的幢幡无疑也表现了其中的三个场景，而很有可能把四幅场景都表现了出来（图77）。而在古代印度，包括犍陀罗艺术在内的所有佛教艺术都把这个故事完全忽略了。这种差别必定说明了什么问题，而且有可能揭示各种艺术源泉对千佛洞绘画的不同影响，但这个题目只能留给后来人解决了。

第二点要提请人们注意的是，佛传幢幡"变形"成了中国风格，这并不适用于另一些人物，他们并未介入乔答摩王子成佛之前的真实生平中。他们的形体和服装由犍陀罗造像艺术确定下来，在佛传幢幡中以及其他画作中都得到了完整保留，图77能清楚说明这一点。画家在同一幅幢幡中划分了两种风格，这似乎表明，半世俗的人物在中国发生了变形，是由中国人的真实观造成的。

第三点注意事项与考古学有直接关系，这就是佛传场景中所有世俗人物（包括成正觉之前的乔答摩）的服装。他们的服装并非是当时的服装式样，因为不论是头饰还是袍子都明显不同于其他画中男女供养人的服装。由此我们可以得出这样的结论：佛传幢幡中所画的服装是属于晚唐之前的古代服装，而我们的画作中有纪年的最早的画就出自晚唐。

还有一个事实可以证实上面的这个结论：佛传幢幡中的服装与早期绘画或雕像中的服装很接近。我们已经说过，佛传幢幡中大臣和其他显要人物头上戴的高高的锥形头饰（指幞头——译者），

图 77　丝绸幢幡，
画面为传说中的
佛教故事

与龙门石窟中北魏的大臣很接近（这些浮雕的年代为公元7世纪中叶），袍子也是如此。有趣的是，大绣像中（图44），供养人的头饰与佛传幢幡中画的大多数男子的头饰是一样的，女供养人的头饰也与幢幡中的女子很接近。有很多事实表明，这幅绣像比千佛洞其他藏品的年代都要早。

最后我要说一下，将幢幡背景中的事物与实际保存下来的文物比较之后，人们得出的考古学结论。彼得鲁奇先生已经指出，大量佛传幢幡以建筑物为背景，这些建筑的风格（图75）与日本奈良风格极为相似，奈良风格与元明天皇迁都奈良有关（这位天皇的在位时间为公元742—748年）。彼得鲁奇先生还指出，"悉达多王子在迦毗罗卫的生活"及"睡眠的妇女"场景中所画的乐器，正是虔诚信佛的元明天皇捐赠给奈良正仓院的大量珍宝中的乐器——这些珍宝被保存至今，成了"世界上独一无二的私人博物馆"。图77中宫墙和门柱上的装饰图案，起源于犍陀罗艺术。宫门上还有一个兽头形状的门把手，它一方面使人想起一件汉代浮雕中门上的装饰，另一方面又使人想起在约特干的陶瓦罐上十分常见的怪异的雕镂作品。

许多佛传幢幡的背景是风景，其式样和布局完全是中国式的，这也是这些幢幡艺术最吸引人的特征。在很有限的画幅内，风景给人以空间广大辽阔、山形变化多姿的印象，并精致、真实地刻画出了由于大气的影响而产生的色彩变化（图76、78）。这些高超的技艺都显示出，风景画在中国有很多大家，而且有悠久的传统。

图 78　绢画残片，画面为佛传故事

虽然所有的佛传幢幡都纯粹是中国风格，它们的布局和处理方法却很多样。我们自然想到，由于佛传场景（不论其最初起源如何）在中国发生了变形，艺术家不必太拘泥于造像仪轨，这就造成了（或至少促进了）布局和处理方式的多样性。进一步观察后我们会发现，佛传幢幡可以分成几类，这更加有利于我们考察它们的多样性。之所以能将幢幡分类，这是因为，即使只是表现释迦牟尼俗世生活中那些最为人所熟知、最重要的场景，也需要不止一幅幢幡。既然一幅幢幡中只能表现小部分佛传，人们自然会使用一组或至少一对幢幡。

在我们的藏品中，最大的一组佛传幢幡包括五件作品，它们不仅大体风格一致，而且大小、组装方式也相同，这证明它们属于同一系列。它们笔法比较粗犷、有活力，在描绘活动的人物时显得很有魅力。另外一组幢幡与上一组一样，题材和色彩也很有限，但笔法不如上一组真实、有活力。第三组有三幅幢幡，其笔法都粗疏而草率，但它们也有特别的价值，因为其中所画场景的内容迄今为止尚无法确定。第四组的共同特点是笔法虽然不是很精细，却很有表现力，色彩丰富、和谐，运动场面画得真实而生动。

在成对的幢幡中，图75、79是一对在艺术上最完美，保存得也最好的幢幡。其笔法既精细又有活力，色彩强烈而清晰。背景中的风景画得很有技巧，给人一种辽远、开阔的感觉。另一对幢幡虽然色彩没有这么精致，但人物画得生动而富有表现力，风景也画得很有魅力，图76是其中之一。只有几幅幢幡是没有配套作品的，其中的一幅幢幡，人物的着色十分精细，风景中的色彩沉静而和谐。

说了幢幡的风格和分组之后，我们再来看一下它们的题材。我无力系统地论述这些题材同印度、中亚、远东绘画或雕像上的同样题材有何关系，也无力对照一下不同时期、不同流派的佛教

图79　丝绸幢幡，画面为
传说中的佛教故事

经典中所记录的释迦牟尼的生平。下面我只是把场景归一下类，并概述一下它们内容上的特征。

首先我们应该注意到这样一个事实：不论其所选的场景是什么，佛传幢幡总是把各场景按照时间先后排列，这与犍陀罗浮雕中的做法一样。根据幢幡的形状和悬挂方式，一般越到幢幡底部，场景的时间越靠后，但也有例外。当用一组幢幡来表现一系列场景时，很可能也遵循着时间先后顺序。但我们无法得知每组幢幡是从左向右还是从右向左排列。

在分析佛传幢幡的题材时，我们首先会注意到一个有趣的现象。佛的俗世生活是从乘象入胎开始，到树下成正觉结束。全部佛传幢幡共有约73个场景（有的完整，有的不完整，其中10个内容尚未确定），只有4幅在佛的俗世生活之外。也就是说，绝大部分场景画的是从佛出生到其成佛之间的事。只需看一下犍陀罗雕像中这类场景与佛后来宣扬佛法的场景之间的比例，就会看出，佛传幢幡与犍陀罗浮雕之间存在着明显差别。我们似乎可以得出这样的结论：对当地的中国信徒们来讲，描绘释迦牟尼个人生活的故事，比他后来成佛和宣扬佛法的故事更真实。

还有一个有趣的现象：佛传幢幡中有很多场景在犍陀罗浮雕中也很常见，另有一些场景虽然见于佛教经典中，却没有在犍陀罗浮雕中得到表现。

要想解释为什么有些场景在犍陀罗浮雕中没有出现，却出现在幢幡中，我们必须研究一下中国佛典，以及印度、爪哇、印度支那等远东地区（包括犍陀罗艺术在内）的早期佛教造像。在此我想指出两点：第一点，至少到目前为止，犍陀罗绘画艺术没有留下任何遗物，而将它们与幢幡相对照，会给我们更多的启示；第二点，各场景不论造像起源如何，都是纯粹的中国风格，这也可以解释为什么艺术家不拘泥于犍陀罗模式而自由地选取广泛的题材。下面我们来看一下各个场景，从中可以很容易地看出，它们在什么地方与犍陀罗艺术相符，在什么地方有明显差别。富歇先生在其经典著作中把各场景按时间先后排了序，这种排序法对我来说也是再合适不过了。

　　犍陀罗浮雕中，佛本生故事（即佛的前生）场景数量不多，在我们的幢幡中也只有一个场景，即图75最上面的场景。它画的是未来的佛祖向燃灯佛致意，燃灯佛预言他将来的伟大成就。这是犍陀罗雕塑家们最喜欢的题材，但他们将其处理得更加复杂。再往下就是乔答摩乘象入胎，共有三幅。这个场景在印度早期雕像及希腊化佛教雕像中都很常见。在希腊化佛教雕像中，摩耶总是向左卧，这个姿势与佛传是符合的，佛传中讲，未来的佛从她右臀进入身体，在那里还可以看见光线。但在我们的两幅幢幡中，摩耶是向右卧，这一差异很有趣，因为巴尔护、山奇和波罗—波多尔最早的乘象入胎场景中，摩耶也是这种姿势。不知道这表示幢幡是在模仿犍陀罗艺术之前的印度佛教雕像，还是该把这种非正统的方式归于艺术家的粗心大意。我们的幢幡中还有一点值得注意：婴儿状的佛祖所骑的白象出现在云端，表示这是一个幻象。

这与佛典原文完全相符——在佛典中，乘象入胎不是一件真事而只是摩耶做的一个梦。

据我们所知，犍陀罗雕像中没有这个场景，佛典中也没有相关文字。其配套幢幡最上面的场景也是如此（图79），画的是摩耶以与"乘象入胎"中同样的姿势躺在同样的一个亭子中，但左边有三个人物跪在亭子外的云上，呈朝拜的姿势。这三个人穿着佛传幢幡中常见的汉族服装，但没有光环。对这个场景尚无确定的解释，但它大概与"释梦"场景有关——犍陀罗浮雕中常雕有释梦场景，但"释梦"场景在我们的幢幡中别处没出现过。这个场景下面又是一个犍陀罗艺术中没出现过的场景，但它的内容却很明确，画的是摩耶在去蓝毗尼园的路上。摩耶坐在轿子中，四个轿夫迅疾的运动被很好地表现了出来。

再向下就是乔答摩的出生，这也是所有时期、所有流派的佛教艺术中的常见题材。婴儿从摩耶的右肋生出，摩耶抓住一根树干，这都与正统佛典相符。但印度传统要求的是由群神给婴儿接生，而图79中帮助摩耶生产的却只有她的侍女，而且摩耶的大袖子巧妙地遮住了出生过程。从这些方面都可以看出中国人的羞耻观。图79在最后画了"七步生莲"场景，莲花从婴儿脚下生出，画得很有生气。"七步生莲"在另两幅幢幡中出现过（图80），在"树下出生"之后紧接着画"七步生莲"，这与犍陀罗雕塑家们的做法一致。但有的佛教经典是这种顺序，有的则把"九龙灌顶"插在这两个事件之间。佛教经典的不确定性恰好可以解释为什么幢幡中场景的顺序有所不同。图79、80中的两个"树下出生"场景的共同之处在于，只有妇女目睹了佛出生的场面，九龙灌顶意即让龙（或称雨神）来给新出生的佛洗浴。

遵照富歇先生的做法，在继续向下进行之前，我们应该提一下图81，图中画的是几个与佛同时出生的人和动物。它自然该与"树下出生"场景排列在一起。这幅幢幡并不完整，在七个与佛同时出生的人和动物中只画了三个：羊羔、牛犊、马驹，以及它们的母亲，都画得很高明。所画的马驹就是佛未来的坐骑犍陟迦，我们马上就会看到，它是佛传幢幡中一个反复出现的形象。犍陀罗雕塑中也把犍陟迦画成是与佛同时出生。

图79、82画的是"七政宝"，它们虽不属于佛传，但也应该在此顺便提一下。根据佛典，每个转轮王都有七政宝，佛教传统从早期起就认为，佛也应该有七政宝。七政宝中五个是与佛同时出生，即未来的妻子（耶输陀罗）、大臣、将军、马、象，图79中画有这五宝，他们的形体和服装与其他场景中一样。值得注意的是，七政宝虽然见于古代印度雕像中，却没有在犍陀罗浮雕中出现过。

幢幡中有许多场景是描绘悉达多王子的童年、青年时代的。图75画的是悉达多青年时经历的一系列训练，这些场景在犍陀罗雕塑中很常见，并严格遵循着印度佛典中的顺序。最上面画的是"写字较技"，与犍陀罗浮雕中常画的"学校里的较技"类似。再向下画的是体力训练，其中一个是摔跤较技，一个是举重较技。

图81 绢画残片，画面
为佛传故事

图80 丝绸幡幡，画
面为传说中的佛教故事

图 82　丝绸幢幡，画面
为传说中的佛传故事

最下面画的是年轻的王子把他的堂弟调达所恶意杀死的象掷出去。最后这一个场景表明，虽然犍陀罗艺术中常在体力较技之后画王子订婚，但中国绘画中却并非如此。

再往下就是乔答摩由菩萨变成佛的那段时期。根据佛典，有两个外部原因促使他意识到自己的宗教使命。一个是他在父亲的乡间别墅第一次入定；另一个是"出游四门"，使他目睹了人世间的三种恶（老、病、死），以及摆脱它们的办法。犍陀罗雕塑大量表现了第一次入定。尽管出游四门很适合用雕塑来表现，但被犍陀罗艺术完全忽略了。而在幢幡和云冈石窟浮雕中，这种情况恰好相反。这一事实很引人注意，似乎更说明，幢幡场景从造像上来看并非起源于犍陀罗艺术。

在图75中，王子的三次所遇画在了一个场景之中，上面生动地画着被搀扶的老人、卧榻上的病人和僵硬的死尸。从死尸身上飘起一朵云，云上跪着一个人物小像，表示死者的灵魂正离体而去。人物小像面朝坐落在远处云上的一个王宫般的建筑，这个建筑代表的是死后的天堂。这个场景中没有画乔答摩，也没有画苦行僧，这一点也不足为奇。因为在佛教经典中，苦行僧代表的是摆脱俗世的方法，但在中国人的眼里，他已被天堂的幻象所取代，在天堂中人们可以继续享受尘世的幸福。我们的大绢画表明，在虔诚的敦煌人眼中，对极乐世界（阿弥陀佛净土）的向往已完全取代了对涅槃的向往。

在佛教传统中，"睡眠的妇女"与乔答摩决心弃绝尘世联系在一起，这之后他才"逾城出家"。犍陀罗雕塑家常把这两个内容分开来，而这两个内容在中国被融合在了一起。

王子逾城后的场景分成两组：第一组是有关乔答摩本人和他的同伴的故事；另一组则发生在他的父亲净饭王的宫中，是关于净饭王命人寻找王子的故事。只有第一组也出现在犍陀罗雕像中，所以我们先来看这一组。最先发生的是王子告别车匿和犍陟迦。这一场景也最能打动信徒，因为在幢幡中，它出现了不止四次。在这个场景中，乔答摩仍穿着王子的服装。在图76中，犍陟迦跪在王子面前，其姿势与犍陀罗浮雕中一样感人。"告别犍陟迦"下面是"落发为僧"，这一场景在佛典和雕塑中都很常见，但在犍陀罗艺术中却未出现过。其中画着两个神人将要为王子剃发，这是中国化的佛传中才有的内容。

王子逾城后迦毗罗卫宫中的妇女和士兵被带到净饭王面前盘问——正因为他们睡着了，所以王子才能不为人知地逾城出家（图76）。据佛典记载，净饭王一发现王子出走，立即命人寻找他，劝他回来，不要放弃尘世生活。国王的使者四处寻找王子，但最后无功而返，向净饭王报告（图77）。

我已说过，表现乔答摩成正觉之后的场景极少，表现那些直接导致他成佛的事件的场景同样也很少。但在图76中有所体现。该图最底部，画的是乔答摩在尼连禅河中洗浴，人们很熟悉这一事件，但犍陀罗艺术中未表现过它。洗浴之后，佛才来到了他最终成正觉的地方。成正觉这件大事（其标志是佛施触地印）是印度

图 83　丝绸幢幡，
画面为佛传故事

各时期佛教思想的核心，却未出现在我们的幢幡中。但似乎是为了弥补这件大事留下的空白，幢幡中出现了五弟子宣布佛成正觉的画面，其中生动地再现了佛的五个弟子（图83上部）。这幅幢幡未遵循时间顺序，所以，苦行的佛下面的那一对鹿肯定画的是贝那勒斯鹿野苑初转法轮。

第五节　佛和菩萨

在画有单个神祇的绢画造像中，第一类是佛像。这类画数目较少，这不足为奇，因为我们知道，所有时期、所有国家的大乘佛教都把注意力转向佛以外的地方。另一方面，有趣的是，在佛像中，人物的身材、姿势、服装都严格遵循着原来的印度造像仪轨，其程度超过绢画中的任何其他神，千佛洞的壁画也是如此。不论是在中亚还是在中国，人们一方面更加被佛以外的更有人情味的神所吸引，另一方面，在处理到佛教信仰的最高人物时，出于敬意都相当保守。这个题目太大了，在此只能点到为止。但我至少要请人们注意，佛的服装几乎与犍陀罗佛像完全一致（图84）。

而且，由于佛的姿势大都为施论辩印，所以更难确定究竟画的是什么佛（图85）。如果不算画有佛和其他天宫神祇的绢画，除了一个例外情况，所有的佛像上都只画有佛一个人（图86、87）。这个例外是一幅绢画，它本来是按照挂画方式裱糊，汉文题识中

图 84　纸画，画面为佛传神祇

的日期相当于公元897年。上面画的是炽盛光佛坐在两头牛拉的车上，周围簇拥着五大行星之神（图52）。这幅画不仅笔法精细，色彩丰富，而且题材也很有价值。因为千佛洞最大、最精美的一幅壁画中画的就是这个题材，画作技艺高超、充满动感（图88、89）。至于对这两幅画进行详细解释和对照的工作，则只能留给专家来完成了。

　　有一个事实能极好地说明菩萨在远东大乘佛教中所占的重要

图85　丝绸幢幡，
画面为佛传神祇

图86　丝绸幢幡，
画面为佛传神祇

图87　麻布幢
幡，画面为佛

图88　千佛洞 Ch.VIII 洞窟甬道南墙壁画

地位，那就是在千佛洞绘画中，约有半数以上画的是菩萨（有的是单个菩萨，有的还画着随从的神祇）。虽然菩萨像数目很多，其造像类型却不多。我们知道，在大乘佛教的发源地印度北部，尽管从理论上来讲有诸多不同的菩萨，但只有少数几个菩萨在人们心目中扎下了根。即便这几个菩萨，在绘画和雕像中也只是以不同法器区别开来。我们发现，千佛洞菩萨像也是如此。

　　虽然菩萨像的造像类型不如其数目那么繁多，我们却在两个

图 89 千佛洞 Ch.VIII 洞窟甬道南墙蛋彩壁画，展示和有行星占卜者陪从人员的佛车部分场景

方面得到了补偿。首先，这些菩萨像的风格、处理方法都不尽相同，使我们能清晰地辨别出来自印度、中亚、中国内地及西藏的影响，正是这些不同影响汇合成了敦煌的佛教艺术。另一方面，除大量模式化作品外，还有相当数量的作品很有个性和艺术价值，尤其是一些大观音像（观音是最受欢迎的菩萨）。我们也不应忽略一些大而华美的观音及其眷属像的造像和艺术价值，彼得鲁奇先生在"观音曼荼罗"一节下专门讨论了这类画。此外，丝绸画、麻布画、纸画中都有菩萨像，也使这一大类画工艺上比较多样。

首先我们将把数量众多、画有单个菩萨的幢幡分一下类（有一些菩萨的身份迄今为止尚不明确），并由此考察一下菩萨像的不同风格。然后我们再讨论幢幡以外的菩萨像。在这类画像中，先来说观音像之外的、菩萨身份明确的画像，这类画数目不多。由于古代敦煌居民极为崇拜观音，观音像数目很多，所以我们要把观音像单分出来讨论。这类画可以按观音的不同面貌分类（如人形、四臂、六臂等）。在依次描述这些观音像时，我们还将提及伴有不同数目眷属的观音像——这类画的布局都很规则，彼得鲁奇先生按照日本的说法，称之为观音曼荼罗。

在画有单个菩萨的幢幡中，能清晰看出不同风格对敦煌佛教绘画的不同影响。第一类数量不多但特色鲜明，图90是一组纯粹印度风格的菩萨，做工也极为相似。它们出自同一个包裹，大小几乎一样，可见确定是一套作品。它们在画面布局、人物服装、饰物等方面十分接近于公元11世纪两个尼泊尔写卷中的小菩萨插

图90　丝绸幢幡，画面为佛传神祇

图。这些幢幡受到了流行于印度恒河平原的晚期佛教绘画艺术的直接影响，而这种画风在尼泊尔相当程度地保留了下来。这一画风很可能是从南面经西藏直接传到敦煌。

　　下面要说的这类菩萨像比前一类要大，画法也比较多样，人物的姿势、身材、服装、着色较严格地遵循着印度仪轨，这一类可称为印度式菩萨像。我们发现，这种风格在丝绸幢幡中有很多，

图91 丝绸幢幡，画面为佛传神祇　　　图92 麻布画，画面为佛和菩萨

麻布幢幡中更多，纸幢幡中则只有一个可归入此类。人物为立姿，细腰，身体通常在臀部弯曲；上身赤裸，佩戴着大量饰物，披一条窄披巾；下身裙褶的处理方式与犍陀罗雕塑很相近。所绘人物不同，其肤色也不同，这也是印度造像的典型特征。已有证据表明，中亚佛教艺术中重现了印度原型，敦煌极有可能经中亚接受了印度的影响。

从图91、92中可看出，虽然印度风格的画在造像上很引人注意，其布局和着色上的艺术性却远逊于中国风格幢幡中的优秀作品，后者在数量上也远多于前者。这两种风格的幢幡主要产自当地，这一点似乎没什么疑问，因为大量幢幡（其中有些分明是同时制作的一套或一系列）中混合了这两种风格。我还要提一下，有的成卷的丝绸上画有菩萨像，大多为印度风格，一般只描了轮廓线。这些丝绸虽然称不上是幢幡，但很可能也是用来挂在洞窟中。

在此我们不必描述中国类型不同于印度类型、混合类型的详细特征，图63、93生动地表现出它们的特点，以及为什么称它们为中国风格。尽管在人物的身材、服装、珠宝饰物、某些法器和附件上仍能看出原来印度传统的影响，但它们在整体风格和艺术处理方式上都是纯粹的中国风格。幢幡表明，中国风格菩萨像的画法已臻于成熟。正如洛里默小姐在一段笔记中所正确指出的：“所有中国风格的幢幡在人物身材、服装、珠宝、华盖等方面均相似，只在细节上有不同之处。题材和处理方式已定型，因此，从艺术想象力上来讲，这些幢幡显得有些单调、无生气，但就外部特征来说，它们是优雅而庄严的。尤其是在人物衣纹的处理上，充分体现出中国画家对线条的把握。”

正是由于其模式化的风格，使我们很难确定每幅幢幡中画的究竟是哪位菩萨。骑狮的文殊、骑象的普贤、呈沙门相的地藏比较容易识别。除此之外，能够凭法器或题识加以区别的菩萨数量极少。即便题榜中有题识，有时对我们也帮助不大，但无畏菩萨、双手合十菩萨很可能指的是观音。非幢幡的菩萨像大多数是观音，

图93 麻布画，画
面为菩萨

图94 大绢画残片，
画面为菩萨

由此大概可以推断出，幢幡中大部分身份未明的菩萨也很可能画的是这位大慈大悲的观世音。

菩萨的披巾、手姿或其所持的香炉、玻璃罐究竟有何含义，只能留待专家们将来解决。在此我只想提一下那些由于艺术性等原因而显得与众不同的幢幡。图58是中国风格幢幡的典型作品，保留着所有的附件，色彩依旧清晰。其中一幅幢幡（图94）保存得极好，做工精湛，其与众不同之处在于菩萨的姿势是走离观者。有的幢幡十分引人注意，所画的人物既处在急速的运动之中又不失庄重，服装上的色彩很绚丽，并且五官明显不是中国人的五官。无畏菩萨像色彩也很鲜艳，线条精致而优雅。许多工艺在模式化作品中无可挑剔，着色也十分和谐。其中有一幅（图94）之所以特别值得注意，是因为它很有装饰性效果，人物的表情也很个性化。除了很有特点的幢幡，还有一些幢幡与藏品中其他幢幡一模一样，这不足为奇。

幢幡之外的菩萨像绝大多数画的是观音（有的只画着观音，有的还画着眷属），还有极少数画着其他菩萨（也是既有单独出现的，也有带眷属的）。但在讨论这些画之前，我先要谈一下四幅很与众不同的画（其中两幅是残件），它们是藏品中仅有的西藏风格作品。这些画很难归入其他类别，而且其中一幅画的不是菩萨，而是女神多罗。其中有一幅完整的麻布画，其颜料以胶画法涂在一层白色蜡状物上。它体现了成熟的西藏风格，大概是现存最早的西藏风格画。画中间是多罗女神坐在漂浮于水中的莲花上，周围环绕着8个小多罗像，小多罗像之间分散着一些遇难和脱险的场景。前景中画着一个引人注目的鬼怪骑在马上。第二个纯粹西藏风格的画是大画，在编织紧密的麻布上画着观音，观音像外套着层矩形框，框中画满了小菩萨像和法器。此外尚存两幅大纸画残件，以纯粹的西藏风格画成，其中之一大概是个密教神祇曼荼罗，另一个上只剩下一些坐姿菩萨像。

所画菩萨不是观音的画数量较少，所以我们先来说它们。文殊骑狮像（图95）风格与幢幡中一样。纸画出现的还有金刚手和日光菩萨，日光菩萨还频繁地出现在观音曼荼罗中，其标志是太阳鸟。有一组为数不多的纸画上是状如菩萨的神骑在凤凰、孔雀或牦牛上，其身份尚未确定。

但无论是从造像还是从艺术价值上看，远为重要的是地藏像——在远东的佛教万神殿诸菩萨中，以受欢迎程度来讲，大概只有地藏能同观音相比。地藏是八大菩萨之一。他通过无数化身来拯救生灵，他因能战胜地狱而受到尊敬。他一手持锡杖，敲开地狱之门，一手持水晶珠，照亮地狱的黑暗。作为旅行者保护神的地藏，手持锡杖、水晶珠、戴头巾，前一幅画得极富魅力（图96）。还有一幅大绢画画的是作为六道之主的地藏，地藏呈坐姿，穿僧侣服，六朵云从他身上升出，云上画着象征神道、人道、畜生道等的形象。另一幅绢画上有题识，题识中的日期为公元963年，画的也是六道之主地藏像，但其服装与作为旅行者保护神的地藏像一样，还有两个跪姿的随侍菩萨（图97）。

图95　纸画，文殊骑狮像

图96 绢画，地藏菩萨坐像

图 97 绢画，地藏菩萨及侍者和供养人像

另一类地藏曼荼罗把他画成地狱灵魂的保护神，周围环绕着地狱十王，还有其他随从——彼得鲁奇先生详细论述了这类画的造像特征。地狱十王、其他随从、地狱审判场景、画底下的供养人像都完全是中国风格，地藏本人的服装则与作为旅行者保护神的地藏一样。一幅奇特的纸卷轴似乎也应该归入这一类，其中用生动的线条画着佛教地狱中的审判、惩罚场面。穿僧袍的地藏出现在纸卷轴的最后，接引被恶鬼追赶的地狱灵魂。最后，两幅绢画的地藏曼荼罗中，把他作为六道之主和地狱之主的两种身份融合在了一起，后一幅画的色彩十分精美，给人很深的印象。

慈悲菩萨观世音在敦煌佛教万神殿中的地位，正如他在当代中国、日本佛教信仰中的地位一样重要。之所以这么说，是因为在千佛洞绘画中，观音像足有99件，这还不算很可能画的也是观音的大量幢幡。似乎可以按照观音的不同面貌（或是独自出现，或伴有随从）将这一大组画分类。当然，这些画在风格上也有明显差别，但在复杂的观音曼荼罗中（即画有眷属的画中），风格上的差别不像观音面貌上的差别那样明显。按照从简单到复杂的通常做法，我们将从人形观音开始，到四臂、六臂、八臂、千臂观音（至少理论上有千臂），及相应的多头观音。

没有带从者的人形观音既有立姿的，也有坐姿的，常持莲花或甘露瓶，头饰前面常有阿弥陀佛像，这些都是他印度造像中的常见标志。此外，由于远东地区的一个佛教传说，垂柳枝也成了观音的特殊标志。在观音像中，既有印度风格，也有中国风格。

印度风格观音像十分优雅、精美。其中有一幅绢画画的是立姿观音（图98）。大多数麻布观音像和纸观音像都有印度菩萨特征，中国风格观音像数目不多，其中大绢画的艺术性很高，观音画得很有个性，这主要是因为，虽然其姿势和服装为印度风格，脸却画得很年轻。

一些绘有立姿观音的绢画和麻布画也混合了印度和中国风格，画艺都很高超。其中有两幅与众不同的画中也把中国风格和印度式服装、饰物混合在一起，在这两幅画中，观音坐在水边岸上的垂柳树下，手持垂柳枝。其中一幅是布局和做工都很精美的纸画（图55）。这两幅画在造像上特别有价值，因为，据说是一个宋朝皇帝在梦中看见了水边观音，并命人把他的梦画了下来，但无疑，这个题材的年代要更早。

下面我们说说带着从者的人形观音像。其中首先应当提到的是两幅引路观音像，观音或立或行，被导引的灵魂都画成中国女子，跟在观音后面。其中一幅完全是中国风格，布局极为精美，色彩和谐、柔美。画面上方的云朵上是天宫，观音将要把他的信徒引到那里去（图51）。另一幅中观音穿印度菩萨服装，手持幢幡，顶上也画有天宫，但画得比较粗略。这幅画虽然做工比较精细，但似乎是前一件的翻版，水平也次于前一件。这两幅画都是以挂画方式裱糊。还有一幅自成一类的绢画，题识日期为公元963年，画的是一个印度风格的观音立在椭圆形背光内，背光外分布着一些灾难场面，大慈大悲的观音菩萨将把他的信徒从这些灾难中拯

图 98 绢画，观音像

救出来。

上一段中说的观音像中，观音的身材、姿势、服装都反映了印度传统，观音旁边是不同身份、不同数目的随从神祇。许多图画中都画有随侍的菩萨，有的图画中还出现了天王（有时与菩萨同时出现）。在一幅画中还画着两个年轻的人物，他们可能与善恶童子有关。在另一幅画中则把善恶童子画成两个年轻男子，分立在观音两侧，并有题识说明了他们的身份。还有一幅画中的观音两边也站着两个男子，戴着奇怪的头饰，大概也是善恶童子。

四臂观音数量较少，除一个外，其余的上两手均托日月轮，我们发现，日月轮及日月菩萨经常与观音联系在一起。一幅绢画中的观音各方面均遵循着印度仪轨，而两个年轻的侍者（可能也是善恶童子）以及画面四周观音救苦救难的场面则完全是中国风格（图47）。画在纸上的四臂观音像有三幅，其中最后一幅纸画上，观音四周环绕着其他菩萨和四臂小神。

六臂观音像数量极多，大多数六臂观音为坐姿，其身材、姿势、服装为印度风格。按照头的数目可以将六臂观音像分成几类。大量六臂观音只有一个头，其中大多数上两手分别托日月轮，其余的手或持法器，或施手印。除一个例子外，所有的六臂观音绢画都画着不同数目的从者，包括菩萨、天王、功德天、婆薮仙等（有一幅画用灾难场面取代了从者）；在几幅麻布画或纸画中，还出现了上文提到的善恶童子。还有一幅画比较奇怪，观音下面的供养人对面画了一个双手合十的弥勒佛。九面观音只出现过一次，

图 99 麻布幢幡
和麻布画，画面
为佛和菩萨像

是一幅纸画，但除此之外，此画并无特别之处。

六臂观音中数目较多的一类是十一面六臂观音，其中两个头位于主头两侧，呈侧影，其余八个小头呈金字塔形堆叠在头饰上，最上面的那个一般是化佛头。这些画在风格、手姿等方面都遵循都着前面说过的仪轨，而且只有两幅没有画从者（图99）。还有两幅是十一面八臂观音像，其中一幅的构图极为华美。在这幅画中，除了十方之佛、天王等眷属，还出现了两个佛弟子（与某些佛教净土画中类似）。画中所有神祇旁都有题识，在造像上也极有价值。

现在观音像中只剩下了一类，即千手观音像，观音四周几乎都围绕着数目不等的神祇，构成观音曼荼罗。这类画中有一些是所有藏品中最有装饰性效果、色彩最丰富的。虽然千手观音像构图都很复杂，我们在此却不必赘述，因为它们的布局基本上一样。看一下两幅精美的代表作（图28、100）就会感受到它们的丰富色彩，与图案相比，任何文字都显得苍白。此外，彼得鲁奇先生还详细讨论了与观音眷属造像细节有关的大量有趣问题。

在千手观音像中，中间是大观音像，观音周围有一圈云雾般的圆盘，这是由他向外伸出的一千只手（理论上是如此）组成的，向外的每只手掌心中都有一只睁开的眼睛[1]。朝里的手数量各不相同，持各种法器。除了有两幅是十一面（头的排列与六臂或八臂

1　观音的千手排列成这种姿势，是象征着这位慈悲的神想要同时拯救所有的人。千手观音在印度晚期佛教造像中也很常见。

图100　绢画，画面为观音像和随侍的神祇像

观音一样)，其余的千手观音只有一个面。在所有绢画和麻布画中，千手观音都是坐姿。绢画中只有一幅千手观音像未画从者，而画在纸上的三幅千手观音像中，有两幅无从者(纸画中的千手观音为立姿)。观音曼荼罗中的随从神祇数量差别较大，有两幅中只有两个，而其他一些图画中则画着大量佛、菩萨、天王等眷属。

　　在千手观音的眷属中有些值得专门提一下，提日月菩萨是因为他们几乎从未缺场过，其他人物之所以被提及，或是因为其个性特征，或是因为其只出现在观音曼荼罗中。画的底部常有面目狰狞的金刚(源出密教)，还有两个呈人形的龙站在观音下的水池中托着观音的光环。值得注意的还有两个常见的眷属功德天和婆薮仙，艺术家总是把他们表现得很巧妙。有两幅图画中眷属的数量尤其多，幸运的是，眷属旁的题榜中都写了题识，这更增加了这两幅画的造像价值。在这两幅画中，不仅出现了因陀罗、大梵天等印度教神，还有摩醯首罗和大黑天等湿婆教神。它们充分证明，即便在后期，印度佛教也没有停止对中亚和远东的佛教信仰产生影响。

第六节　天王和金刚

　　大量菩萨像不仅难以分类，而且围绕其造像内容产生了许多疑问。现在我们可以比较轻松地来看一下四大天王像了，它们数量比菩萨像少得多，但从多种角度来讲也很有价值。尽管天王只是小神，但他们在佛教造像上的地位却不容忽视。印度传统和艺术都证明，天王观念起源很早。他们在远东也极受欢迎，至今，中国和日本的庙里面和庙门上仍有大量天王像。这些当代造像从根本上来讲，直接源自千佛洞绘画中清楚表现的造像传统，这更增加了这些绘画的价值。

四大天王一律呈武士状，顶盔贯甲，脚踏夜叉（即鬼怪）——按照早期印度的说法，天王统治夜叉。尽管天王像在细节上很丰富多样，整体形象却模式化，表明其画风已完全确定，所幸的是，最近在新疆东部发现的壁画和雕像使我们能将这种画风追溯到中亚，并一直追溯到犍陀罗。在此我就不描述这一画风的发展过程及其主要时期了。关于印度早期的天王像，我想说的是，在巴尔护一根柱子上，已经有作为财神的夜叉王北方毗沙门天王像，他以典型的姿势踏在鬼怪身上。犍陀罗雕像中也表现过他，其特征在千佛洞绘画中仍可见到。

我在丹丹乌里克一个寺院中，发现过一个泥雕的毗沙门天王像，穿着复杂的鳞片甲，脚踏俯伏的鬼怪，这都与千佛洞绘画一样，但它的处理方式中却全不见中国风格的影响。我还发现，四大天王雕像守卫着大拉瓦克—威亚拉的大门，它们是与犍陀罗艺术有关的较早作品，但已清晰地体现出服装和标志物上的典型特征。从那以后，库车、焉耆、吐鲁番附近佛寺壁画和雕像中开始大量出现天王。其中很多要么很像千佛洞绘画中的天王像，要么

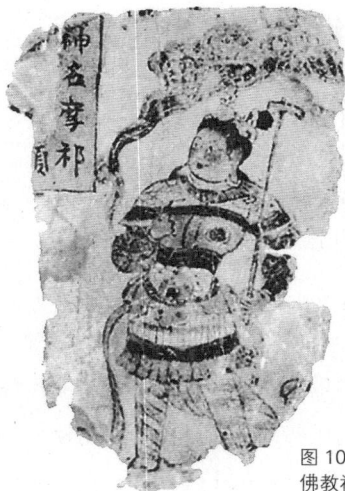

图 101　手抄本插图，
佛教神祇

清晰地显示出天王像的发展历程。幸运的是，从云冈石窟和龙门石窟中，我们可以相当精确地判断出对天王的崇拜从何时起在中国流行起来。云冈石窟中没有天王像，这点很引人注目，而龙门石窟的题识表明，那里的天王像是公元672—675年开凿，它们源自印度，于唐初便在中国扎下了根。

　　虽然天王在体形、服装、姿势上都很一致，但在从印度传播到日本的过程中，每个天王所持的法器都发生了变化，所以相当难以确定很多绢画中究竟画的是哪个天王。所幸的是，有一个专门记有四大天王的汉文写卷消除了我们在这方面的所有困惑，其中的天王像旁的题识与一些绢画中的题识完全吻合（图101）。于是我们从中知道，天王中地位最高的是北方毗沙门天王（也是财富之神），他总是持戟；东方持国天王持弓或箭；南方增长天王持棒；西方广目天王持出鞘的宝剑。

如果不算用来挂在墙上的大画（其中有些只是残件，有些画着天王和他们的随从），在大量幢幡和纸画中，我们发现，天王几乎总是脚踏鬼怪而立。在这些俯伏的扭曲人形中，我根本无法区分出，他们究竟是佛教神话中与天王相关的哪一种半神。但有一幅画中，天王脚踏的不是鬼怪，这是一幅有趣的幢幡。画中是典型的毗沙门天王，但脚踏的不是俯伏的鬼怪，而是一个秀美的女子的双手，女子的头和胸从下面的一朵莲花中探出来。这个女子伊朗人般的五官、头饰等无疑使人想起和田绘画、雕像等文物中出现的那类美女。与此极为相似的是，前面说到的拉瓦克—威亚拉入口处的天王像下也是女子半身像。

我在前面曾说过，表现悉达多王子逾城出家的著名犍陀罗浮雕中，白马犍陟迦脚下也有女子，或单个出现，或成对出现，奇怪的是，她们与天王脚下的女子很相似。格伦威德尔教授猜测，她们大概代表的是古典艺术中的大地女神该亚，他的猜想很有创见和说服力。但无论对她们作何解释，有一点是毋庸置疑的：这种相似性又一次证明了千佛洞绢画与塔里木盆地（尤其是和田）的佛教艺术之间的联系。关于和田艺术对中国佛教绘画的影响，历史上记载的于田王子和画家尉迟乙僧为我们提供了明确而有趣的证据。

　　前面说过，有鲜明的标志性特征使我们能将各画中的天王像区别开来，既然如此，我们最好按照造像题材的顺序来描述天王像。但在此之前，先得说一下其整体特征。天王全被画得既像武士又像国王，除手中的武器外，没有其他个性特点。在他们繁复的服饰中，武士成分占主导地位（表现在其复杂的铠甲上）。天王幢幡大致可分成两类，这两类人物的身材和整体风格差别较大，铠甲上的差别则不太明显。为方便起见，洛里默罗小姐把第一类称作印度风格，但考虑到它的起源，将它叫作中亚风格其实更准确。此类比第二类更古老。在这类画中，天王总是面朝观者，五官有时显得虽很狂暴却总是人形，姿势和服装有点生硬（图102）。眼睛有时睁得极大，但一般呈水平线，脸部特征与中国人明显不同。腰较长，上身较瘦，这些都明白地显示出非中国的、半伊朗风格的男性美观念。服饰、项光等方面也与第二类有别，如天王脚上总是穿紧裹的鞋，而中国风格的天王则穿麻鞋。此处我只强调一下，这类天王的身材同第二类相比更具有中亚风格。

　　第二类天王像被称作是中国风格，这很容易从为数众多的图片中看出来（图103）。这类天王都是四分之三侧影，身体呈平滑的曲线，上身向一侧挺出，衣纹流畅，线条自由而灵动。铠甲和服装也有特色，脚穿麻鞋。眼睛一律呈斜上形，五官显得怪异甚至狰狞（图64）。这种风格无疑起源于前一类（即中亚类型），但贯穿于其中的却是中国艺术精神。考虑到千佛洞所有绘画均出自

图 102　丝绸幢幡，天王像

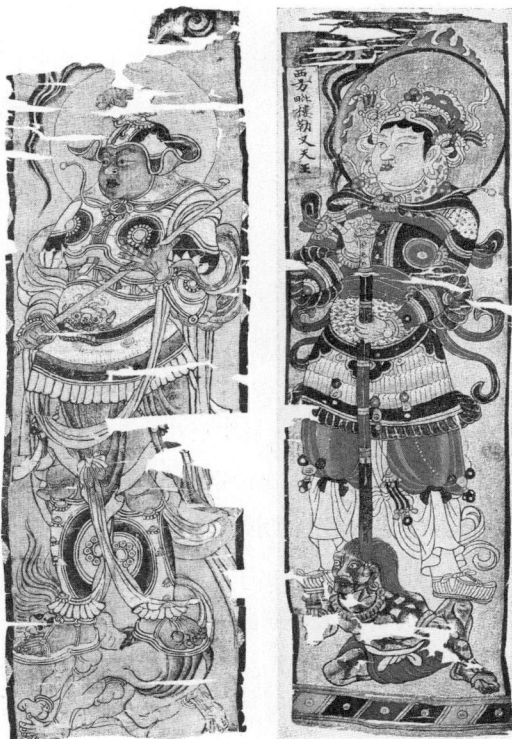

图 103 丝绸幢幡残片，天王像

中国人之手，艺术价值最高的天王像自然出自这一类之中。

四大天王的服装和铠甲很繁复，其细微的变化之处都画了出来，这无疑为文物学研究提供了大量有价值的资料。劳弗博士凭着渊博的学识和不懈努力，最近就写出了这样一部著作，其副标题为"甲胄史绪论"。但此处我将不讨论这类问题，而只想简单地说几个考古学上的专门问题。把天王像中画的鳞片甲与尼雅、米兰出土的皮质铠甲实物相对照，或同新疆其他遗址的泥雕相对照，会得出很多有益的结论。对于细节问题，例如鳞片甲的重叠方式、串连方式，此不赘述。我只想指出一个有趣的事实：铠甲下摆上的鳞片几乎总是矩形，而上身的鳞片则多是圆形（图64、103）。鳞片的这种排列方式也出现在一个著名的犍陀罗浮雕中魔王手下两名士兵身上。而且，敦煌天王像中只有一幅画着锁子甲。

我们开始就假定，天王像中的铠甲和其他装备都不同程度地模仿了当时的实物，而天王穿的无装饰的鞋或绳编的鞋与从米兰、楼兰、古长城发现的实物完全一样，这更证明了我们的假定。已有纪年明确的文物表明，这种鞋在唐朝和唐朝之前流行过几百年。还有一些有趣的考古学上的细节，比如某些天王像中不同的剑鞘、剑柄、披覆末端的狮头状装饰物，对此我不再细说。

我要专门说一下头饰，因为大多数天王戴的头饰显示出了受西亚风格和趣味的影响。不论他们的头饰形状如何——是沉重的金属冠还是嵌着宝石的发带，头饰后面都有轻盈的饰带在风中飘扬，彼得鲁奇先生已正确地指出，一幅天王像中的饰带模仿的是萨珊时期波斯国王的典型头饰（图104）。在两幅画毗沙门天王及其眷属的精美绢画中，天王头上戴的都是高高的三瓣冠，冠上嵌着宝石，这种头饰很可能也起源于波斯（图53）。在某些毗沙门天王和广目天王像中，天王肩上升起奇怪的火焰，这可能也是从西亚艺术中借鉴来的，但目前我缺乏资料，无法继续探讨这个问题。但它很可能与古代伊朗人对"圣光明"（即波斯古经《阿维斯塔》中的qarenaṅh）的崇拜有关。

现在我们该按造像给天王像分类了。北方毗沙门天王的位置自然最高，这不仅表现在画他的天王像数量最多，而且只有他曾与其部众同时出现过。其中最精美的是一幅挂画形式的绢画，这幅作品出自大家之手，保存完好，艺术价值很高。画中天王驾

图104 绢画，天王像

云渡过波涛起伏的海面，一群衣着华丽的部众跟随着他（图50）。它在构图和着色上的艺术性有待专家来作出评论，在此我只说造像上的几点问题。同部众相比，天王画得极大，这与希腊化佛教艺术和后期古希腊化艺术的做法是相符的。他大步而行，右手持戟，左手托一朵云，云上有座小佛塔——佛塔是这位神的第二个标志物，在别处也出现过。他的眷属中既包括鬼怪（代表夜叉），也包括纯粹是人形的人物，这些人形人物个性很鲜明，但其身份尚未有定论。他们是：一个献花仙女；一个画得很好的老者，所持之物可能是金刚杵；两个服饰和姿势都有僧侣特征的男子；第五个是画得极好的弓箭手，正要射天空中一个状如蝙蝠的鬼怪。空中的鬼怪是揭路荼，射揭路荼是吐鲁番壁画中常见的题材，犍陀罗雕像中也有不少长翅膀的揭路荼形象。

另一幅大画虽然工艺可能没这么精致，但构图却同样有生气，画的是毗沙门天王纵马过海，周围是一群部众。前景中画了些鬼怪正与天王的部众争夺东西，还画了散在各处的钱币和珠宝，大概画的是毗沙门从龙手中夺宝的传说（图53）。另一幅残件中，从头到肩裹着虎皮的随从比较引人注意，因为他站在一堆钱币上（表示毗沙门天王也是财富之神），右手持银鼠——银鼠也是这个天王的标志物，但在藏品里别的画中却没有出现过。在7幅画着毗沙门天王的丝绸幢幡中，可以把其中两幅（一幅天王的姿势比较奇特，脚下是一个女子；另一幅天王的面目十分狰狞）分别当作中亚和中国风格的代表作。

以其他三个天王为题材的画中，只有东方持国天王在大画中出现过，这幅画笔法和着色都很好，不幸的是已残破不全。除此之外，画有持国天王的还有5幅幢幡（图104）。除毗沙门天王外，在画作中最常见的是持剑的西方广目天王，共出现在12幅幢幡中，其中有些幢幡工艺很高超。持棒的南方增长天王似乎最不受当地信徒们喜爱，因为只有两幅画是以他为题材，其中一个是幢幡。最后，还有一幅幢幡所画的人物风格和服装都与天王一样，但脚下没有鬼怪，手中也未持标志物（图105）。

除天王像外，我们还会注意到一组为数不多的丝绸幢幡和纸画，画的是护法金刚——至今他们仍是远东佛教神祇中最受欢迎的人物。他们的形象源出于犍陀罗艺术中的持雷电者，在龙门

图105　丝绸幢幡，佛教神祇

正面　　　　　　　　　　　　　　反面

图106　白描纸画，金刚像

石窟中就已出现了。龙门石刻护法金刚的姿势和发达的肌肉，后来在我们的藏品中成了他们的模式化特征。要想把这种画风追溯到中亚，从库车到吐鲁番的北部绿洲中发现的壁画大概可以提供丰富的资料。关于我们藏品中的护法像，富歇先生指出："他们已不免使我们想起日本那些肌肉健硕的鬼怪和喇嘛教的可怕神祇。但应该注意到，他们既不像喇嘛教护法那样数量多得惊人，也没有猥亵的特点。"

　　九件护法幢幡中，除一件外，均保存良好，其风格彼此差别不大，有几个一模一样（图60、61）。所有护法都姿势紧张，肌肉发达，头部奇形怪状，眼睛下视，持代表雷霆的金刚杵（金刚杵上有繁复的装饰）。虽然他们的珠宝饰物很多，衣物却不多，这显然是为了充分展示夸张的肌肉。对肌肉的处理方法尽管是模式化的，却相当有技巧，有几件幢幡还巧妙地表现出了立体感。衣纹复杂，头饰两端的发带向上飞起，画面上方还有卷云，有些画中，护法举起的手臂旁是背光上的熊熊火焰，这些都增强了护法金刚像的表现力。为了增强这种表现力，画上用的都是强烈而清晰的色彩，常常造成十分醒目的效果。最后，我还要提一下一个和种族有点关系的小问题，那就是，有些护法的虹膜是绿色的。除幢幡外，还有一幅挂画形状的金刚纸画，是画得很生动的、不同姿势的金刚速写像（图106）。

第七节　成组的神祇

现在我们来看第二大类即画有多个神祇的画。方便的办法是先讨论以两个或两个以上佛教神祇为主要人物的画，再讨论那些画两个或两个以上菩萨环绕着中央佛的画，最后再看构图精美华丽、人物众多、表现天堂快乐生活的净土画（不同净土是由不同的佛主宰的）。

既然要从最简单的开始，我们就先把一幅残破不全的大画放在第一位来描述。虽然它已碎成残片，却很有价值。画上的不同位置画着数量众多的、纯粹为犍陀罗风格的佛像和菩萨像（图107）。这幅画画的是人们在印度的不同圣地所朝拜的雕像，体现了此画在造像上的重要价值。此画中完整或部分完整的人像总共

图 107　绢画，菩萨像

有18个，其中13个的位置是确定的。凭其典型姿势或法器，我们目前能够确认6个人物的身份，其余的还需要专门的造像专家来研究。

另一幅画的极有可能是释迦牟尼在成正觉之前受到魔王进攻的那一著名场面，因为此画中释迦牟尼手放在所坐的石头上（即成触地印）[1]，三个鬼怪的头形成一个冠状物放在头上，代表的是魔王的鬼怪大军。佛教传说记载，释迦牟尼在圣地波德—加亚成正觉时就是这种姿势——玄奘把这一造像叫摩诃菩提金刚座。这个人物旁边的汉文题识说，所画的是摩揭陀王国的一幅雕像，更证明了我们上面所作的判断。中国史书记载，金刚座（用中国朝圣者们的话来说，意思是"金刚座真正出现"）是公元7—11世纪印度最受崇拜的佛教偶像，因而这一偶像出现在我们的绘画中不足为奇。

我们的画中还有一幅盘坐并施触地印的菩萨像，所幸其旁边的题识没有剥落。按照彼得鲁奇先生的简要解释，题识中称，其原型是劫国的一幅尊像。

尽管别的题识都对我们帮助不大，但凭着其他迹象，我们还能辨识出四个人物的身份。在这幅人物画像中，背光环绕着一个立佛，背光的S形顶部内有一对鹿，说明这里画的无疑是佛在贝

1　这一姿势源自犍陀罗，在印度晚期雕塑品中则成了佛成正觉的模式化姿势。

拿勒斯鹿野苑的初转法轮。另一幅画像比较有趣，画的是一幅佛像，右手举起施无畏印，全身环绕在一个椭圆形背光之中，背光中呈放射状画满了小佛像，小佛的姿势与大立佛相同。这幅画的所有细节，都与我1901年在和田大哈瓦克—威亚拉的南墙角发现的两个大泥浮雕像完全相同，甚至连衣褶都相同。富歇先生后来证明，它们以及犍陀罗浮雕中小得多的类似雕像表现的都是释迦牟尼于舍卫国降伏外道。还有一幅画的是观音，佩戴着大量饰物，持莲花和净瓶，其两侧大量小从者也证明了画的是观音像。

同上述人物相连的就是立佛像，此像在造像上很有价值。佛的姿势相当生硬，背景中是斑驳的岩石，再加上对衣纹的处理方式，使我们得知画的是灵鹫山上的释迦牟尼。同一题材还出现在精美的绢画和大绣像中。这三幅画中都画有岩石，即灵鹫山（释迦牟尼后期生活中的很多事件都发生在这里，人们认为这座山就是王舍城附近有名的石山)，而藏绢画的山洞上方还画了一只秃鹫，更证明画的是灵鹫山无疑。由于立佛像画面旁没有题识，因此我们无法得知这三幅画所模仿的究竟是哪个印度原型。而三幅画中，佛双手的手姿都完全相同，对衣纹、头发、服装等的处理方式也极为相似，说明它们模仿同一个蓝本。[1]我们一眼就看得出，这个

---

1 这三幅佛像中佛的右臂都是直着向下伸，右臂的立体感表现得都很生硬，右肘关节也一样，左手都在胸前提着衣服，左臂的轮廓线都是很模式化的。残破不全的菩萨绢画和大绣像在细节上的一致之处也是很引人注意的。即使在缩得很小的显现在雕像侧景的雕塑中也可清楚地看出它们的轮廓。

蓝本要么是一个希腊化佛教风格的雕像，要么受这种风格影响很深。但必须注意到，迄今为止人们只发现过一个犍陀罗浮雕是以灵鹫山为背景，雕的是佛坐在灵鹫山山洞中。

我们已说过，三幅画像即便在细节上都严格模仿某个原型，这一结论相当重要，因为它使我们更有理由认为，残破不全的大幅菩萨绢画中的其他画像也都是临摹某些原型。我们还可以引述一个佐证：公元11世纪尼泊尔写卷中有一些小插图，其所附题识告诉我们，插图绘的是印度佛寺的某些实际场景或雕像。富歇先生对这些小插图进行了研究，得出了极具启发性的结论。他证明，这些画在造型、手姿、着色、主要人物的固定标志物等方面，都秉承了长期流传下来的传统模式。显然，当尼泊尔的画家绘制这些圣像插图时，他们极少发挥自己的想象力来增删或改变什么，这幅菩萨绢画的作者很可能也是如此，但凭现有知识，我们很难确定，这位作者是从什么渠道得知这些圣像的传统模型。[1] 此画鲜明的犍陀罗风格表明，这些模型很可能间接来自犍陀罗，并最早

1　彼得鲁奇先生提出了一个假设，说残破不全的菩萨绢画的作者本人有可能去过印度圣地，并将佛像临摹了下来。考虑到上述以佛在灵鹫山为题材的画所有细节都完全一样，这一假设大概是站不住脚的。

经中亚传入敦煌。[1] 画上只有轮廓线，几乎未着色，这与和田壁画的工艺很接近。此外，整幅画朽坏得极厉害，表明它可能年代较早。另一幅大绣像也有类似特点。

前面说过，有三件作品的中心人物是灵鹫山上的释迦牟尼，其中第三件损坏比较严重。但在它保留下来的左半边中，我们仍可以看出释迦牟尼的右肩和右臂，其右臂也是呈僵硬下垂的典型姿势，与那幅菩萨绢画和大绣像一样。佛的背光上有大量装饰物，背光上方是画得很生动的岩石背景，岩石上立着一只秃鹫（系此画的标志物）。佛旁边是一个带项光的佛弟子，画得巧妙而富有个性，可能是舍利弗。沿画面左边是一系列小场景，完全以中国风格画成。

这些小场景的内容目前都还没有确定，但其中两个马上引起了我们的注意。最上面的场景中画的是一幅与中央佛一样的佛像，佛像下是一个莲花座，佛像后可能是一座庙。一个穿和尚服装的人物指点着佛像，似乎想引起底下行人的注意。它下面紧接的场景我们就不说了。再往下画着一个动作狂暴的雷神，四周是云，云下面又是一个中央佛的翻版，虽然不大，却可以看得很清楚，

1　在此想提出一个问题：此画和类似画的用意是不是因为某人确曾去过这些遥远的圣地，所以画家把这些地点画下来，以彰显这种朝圣行为？印度很多地方就有一种习俗，在小佛塔底部的四面画上佛生平中的四大事件（分别发生在迦毗罗卫、加亚、贝拿勒斯、拘尸那）。富歇先生对此提出了一种相当有说服力的解释，认为这表示人们很看重到这四个地方去朝圣。

佛像后面也是以岩石为背景。尤其引人注意的是，佛像外围了一圈高至其肩部的木质脚手架。佛像后的脚手架上高高地站着两个工匠，似乎在忙碌地雕着佛像的头，底下一座残破的建筑或院落后面有个男子，似乎想极力引起工匠们的注意。

尽管我们仍找不到任何线索来解释两侧小场景，但该画主体部分很可能与一种传说有关：传说佛像是可以奇迹般地从一个地方自动移到另一个很远的地方。[1]这尊"灵鹫山上的释迦牟尼"雕像非常有名，但它原来在什么地方，又自动移到了什么地方，我们都无法得知。无论如何，我们都应注意到，中央佛体态生硬，严格遵循着造像传统，与此形成鲜明对比的是，画面的其余部分画得自由洒脱，充满生机和活力。

在以并列的神祇为题材的画中，我们先来说保存极好的一幅大画。这幅画画的是两个约真人大小的观音对面而立，画得十分精美，属于中国风格，人物细节和华丽的服饰上所用的色调丰富而和谐（图108）。左边观音持花，右边观音持净瓶和柳枝，这些都是人们熟知的标志物。通过画面上方的题榜，大概可知画的是哪种形式的观音，但目前题榜尚无译文。另一幅已严重破损的绢

---

1 中国朝圣者们记载过，和田地区流行一种传说，认为佛像可以奇迹般地从一个地方飞到另一个地方。玄奘就曾在和田都城附近的一个地方见过一尊佛像，人们告诉他，这尊佛像是从库车飞来的。玄奘和宋云都在和田以东的媲摩见过一尊著名的檀木立佛像，人们认为，这尊佛像本来是乔赏弥国王优填王命人造的，后来飞到了这里。

图108 绢画，菩萨像

画画的可能也是一对中国风格的观音。

还有一幅保存完好的大绢画有特别的价值，因为它在藏品里有明确纪年的画中，是年代最早的（献辞中的纪年为公元864年）。它也把两种风格结合了起来：上半部分并排画了四个生硬的观音像，反映的是起源于印度的造像传统；下边则是中国风格，显得有活力得多，画的是分别乘白象和白狮的文殊和普贤，带着各自的随从。在我们的藏品中，文殊和普贤总是双双出现，吐鲁番、塔里木盆地北部绿洲中的石窟壁画里也有不少这样的例子。他们俩总是对称，脸朝向对方，这也是大曼荼罗画的最典型特征。底下的文殊和普贤很容易认出来，而上面的四个观音除一些小差别外，姿势和服装基本一样，只有旁边的短题识能告诉我们所画的是观音的哪种形象。这幅画虽然做工比较精细，色彩也很丰富，从艺术价值上来讲却无法与大曼荼罗画或成对的菩萨像相比。但从两个方面来讲，它具有相当的造像价值和文物学价值。首先，下半部分的人物画得很熟练，这证明，早在公元9世纪中叶，大量中国风格的绢画所遵循的仪轨就已经完全定型了。其次，由于此画有明确纪年，所以从底下的男女供养人像中我们可以获得关于当时服装、发型的有用信息。

有一组画的题材很相似，如果保存完整的话，它们应该归入净土画一类中。画上一边是文殊，一边是普贤，各带着自己的从者向中央的人物行进（如今中央的人物已缺失，极有可能是一个佛）。还有两个菩萨像是一幅大画的左右两部分，顶部呈弧形，

图 109 绢画残片，画面为菩萨

虽然它们已残破不全，仍高达7英尺——可见，原画顶部为拱形，尺寸还要更大。两个大菩萨各自坐在坐骑上，带着一大群菩萨、天王及其他天宫侍者，深色皮肤的昆仑奴牵着狮和象，昆仑奴前面是一对乐师。此画各方面都遵循着大曼荼罗画的那种对称布局，线条和着色都很精美，虽不完整，构图却仍能给人深刻的印象。

图 110　绢画，画面为佛教净土

弧形顶表明，原来的大画可能本是挂在石窟中佛龛的后墙上，或石窟前厅墙的最顶部。

　　另一幅大残件上可见文殊及其侍者，布局与上一幅画类似，其悬挂位置肯定也与之相同。属于同样情况的还有较小的残件（图109），因为它的边也呈弧形。它上面画着飘飞的两只凤凰、浮云和一个仙女（可能代表的是从云中飞出的天女），画得自由而大胆，给人以强烈的动感。某些细节则画得很粗略（例如，仙女的四肢太短），这表明，此画是让观者从远处仰视。

图110展示的是一个精美的残件，原来的大画肯定本是幅观音曼荼罗，只因为在这个残件中文殊和普贤占据了显著位置，所以把它放在这里来讨论。中间的大千手观音像只剩下了胸以上的部分，观音两侧的两个大菩萨保留下来的则更少，这之上是文殊和普贤带着大群从者从两侧向中间行进。文殊的队伍和普贤的队伍之间有个大题榜，其中的汉文和藏文题识已不可识读。现存画面的最顶部是释迦牟尼像，左手持化缘钵，右手施论辩印，佛两边各有一个印度风格、印度姿势的坐姿大菩萨，佛和大菩萨周围簇拥着一群年老的佛弟子和中国风格的供养菩萨。这幅画风格庄重，布局、着色、工艺都很精细，在藏品中占有重要位置。

现在我们来说比较简单的众神画，它们都把两个或两个以上人物对称排列在一个中心人物两边，从这类画我们可以方便地过渡到净土画。一幅画画的是阿弥陀佛站在观音和大势至菩萨之间（这就是大乘佛教有名的西方三圣），三者均为印度姿势和印度风格。另一幅绢画构图同样很生硬，画的大概也是西方三圣。有一幅做工极糟的绢画构图与此类似，其年代为公元939年，画的是东方药师佛坐在文殊和普贤之间，文殊、普贤为中国风格。还有一幅画保存得很差，两侧的菩萨可能也是文殊和普贤，但没有题识来确定他们的身份[1]。在一幅纸画中，药师佛则坐在观音和金刚藏之间。

另一幅画构图要复杂一些，保存得也较好。中间是一个佛，可能是释迦牟尼佛，周围对称分布着菩萨和两个佛弟子，通过题识我们知道，佛弟子是目犍连和舍利弗。在另外一幅画中，中间是一个菩萨坐在香案后（显然是观音），周围有很多个坐姿菩萨，藏文题识表明，其中三个分别是普贤、文殊、地藏。最后要说的是一个残件，它本是一幅大曼荼罗画的一部分，但保留下来的部分中却缺乏西方净土画的典型特征，比如七宝池、伎乐队等。由于此画损坏得很严重，只有横向上是完整的（宽有4英尺多），所以无法确定中央佛的身份。在佛的两侧，除两个被背光环绕的胁侍菩萨外，还严格按照对称原则画了一大群神祇，包括十二个供养菩萨、十王、六个带项光的罗汉。虽然此画在艺术上只是中等水平，却画了大量天宫人物，就让我们把它当作下一节大净土画的序幕吧。

---

[1]　还有一幅画值得提一下。它保存较差，画在编织紧密的麻布上。中间是观音，左右的两个菩萨只比他稍小一点。上面是化佛像，化佛两侧也有两个菩萨。人物纯粹为印度风格，未经任何分组地分散在画面上。另一幅麻布画剥落了许多，画的是佛及随侍的菩萨。

第八节　佛教净土画

　　净土画尺寸较大，构图复杂，其中阿弥陀佛净土居多，其他净土则较少。这类画是我们的藏品中特别引人注目的一个重要部分，关系到远东佛教艺术发展史和造像上的许多问题。

　　我们都已知道，在亚洲北部（尤其是中国和日本）的佛教信仰中，阿弥陀佛统治的西方净土（或称极乐世界）占有重要地位，这一点已无须赘述，在此我也不想说净土观念的起源和发展过程。中国人一向十分看重现实生活中的舒适和享乐，对他们来说，净土观念很有吸引力——在净土中，笃信佛法的人的灵魂将超越一切尘埃，再生于莲花池中，并加入天堂神祇们的行列，享受万年甚至永远的极乐和安宁。据说，日本佛教绘画中的大量西方阿弥陀佛净土图，都是直接或间接模仿公元8世纪被带到日本的一幅中国画，此画至今仍保存在塔马吉庙中。彼得鲁奇先生也曾指出过，这幅中国画在布局、特征上与我们的大多数阿弥陀佛净土画一样——中间也是极乐世界场面，左右两边的小条幅中，也画着与释迦牟尼有关的阿阇世王和频婆娑罗王的传说。千佛洞的某些壁画中也清晰地保留着这种布局。

　　显然，构图上的共同规律说明，早在这些画出现之前，这种构图方式就已经完全确定，所有场面均与《佛说阿弥陀佛经》吻合。这种构图极有可能先是在中亚佛教艺术中发展起来的，至少部分如此。公元605—617年，来自和田的画家尉迟跋质那在东都洛阳的皇宫中画了一幅极乐世界壁画（按《历史名画记》记载，东都大云寺有静土变，尉迟画——译者）。

我不能解释尉迟跋质那幅壁画（它无疑是中亚风格的）、古代日本的那幅中国画和我们的净土画之间的确切关系。但有一点是确定无疑的：我们的净土画有不止一种类型。上文说的阿弥陀佛净土画数量众多，背景极为华美，画满了菩萨和各种各样的小神，两侧条幅中画着传说中的故事。除此之外，还有一类净土图风格要朴素得多。前面我已说过几幅画，画的是阿弥陀佛、观音、大势至，这就是阿弥陀佛净土中的西方三圣。从这类画我们可以过渡到一组数量不多但很有趣的画，画中佛的主要随从也是以大净土图的方式排列，但没有天堂生活及享乐的场面，而这种场面却是大净土画的重要特征。

例如公元952年的一幅绢画，画的是阿弥陀佛坐在一个带栏杆的平台上，平台出自池中——这些都与大净土画一样。但他的随从只有对称分布的6个菩萨、4个天王，画中既没有天堂伎乐队，也没有新生的婴儿。底下的供养人画得很仔细，给我们提供了公元10世纪服装和发型的确切资料。所有的大净土画则都没有日期，这可能是因为这些大绢画底部一律遭到了损坏的缘故。但有几幅中底下的一部分供养人像保存了下来，把这些供养人以及两侧条

图 111　绢画，画面为佛教净土

幅中人物的服装同这幅绢画相比较，有时可以得出其大致年代[1]。另外一幅大画（图111）上半部分是典型的极乐世界场面，中间为阿弥陀佛，左右为观音和大势至，每一侧还有两个小菩萨、一个天王、一个佛弟子。佛前面的香案上放着供品，佛身后则有两棵树——这些都是极乐世界图的典型特征。下半部分画的是"父母恩重"场面，与底下的供养人以及公元952年画的那幅绢画中的供养人比较一下，我们就可以看出"父母恩重"场面中人物的服装是公元10世纪的。

有两幅画年代可能要早些，很能给人以启发。这两幅画在风格、布局、着色、处理等方面有不少共同特点，表明二者关系密切。其中一幅画的是阿弥陀佛坐在一朵莲花宝座上，两侧是观音和大势至，前面有两个小菩萨，后面是6个个性鲜明的佛弟子排成一排。虽然未画七宝池，但人物的布局及画面细节（例如，两棵叶子为星形的树，把一个华丽的华盖支在阿弥陀佛头顶）都表明，所画的是一幅净土图。

这些特征在另一幅大画中表现得更充分。它是幅超过5英尺见方的完整的大画，画阿弥陀佛和两个胁侍菩萨坐在莲花座上，莲花座出自七宝池中。前景中的大平台上有很多天宫形象，包括

1　这幅绢画的风格、布局与麻布画很接近。后者画的是一佛四菩萨坐在树下，围着一个平台般的香案；做工粗糙，底下的供养人穿的是公元10世纪服装。

婴儿状的纯洁灵魂、神鸟等，这些都是大净土画的特征。平台后面的椭圆形莲花蕾裹住婴儿的灵魂，旁边还有题识，说明新生的灵魂在天堂中的位置。空中，中央华盖的两侧有驾云的小佛、飘飞的婴儿灵魂、优美的天女、乐器——这些也是典型净土画的常见内容。

但此画的构图与大净土画也有显著差别，如背景中没有画任何天宫建筑，主要人物间隔得较远，这表明，这幅净土图的布局不同于千佛洞绢画和壁画中的正统布局，是独立发展起来的，而日本的净土画都是这种非正统布局。更为有趣的是，我们可以看到，这两幅画中的供养人服装明显不同于所有有纪年的公元10世纪画作，并比前面说的公元864年的大绢画年代要古老。绣有一佛两弟子的大绣像更清楚地显示出这种古老服饰的风貌：男子戴有"尾"的小帽，女子穿窄袖的胸衣，发髻上无装饰。大绣像与前面提到的那两幅画还有其他共同之处[1]，因此可能与它们属于同一时期。前面曾说过的另一个事实似乎也可以说明这三幅作品年代较早：它们供养人的服装和发型很像佛传幡画以及云冈、龙门佛传浮雕中的古老风格。

我们的藏品中有10多幅作品体现了唐代阿弥陀佛净土画的正

1　除供养人的服装外，其他共同之处还有：华盖两侧都有衣袂飘飘的天女飞下，胁侍菩萨的袍子都有织锦镶边，莲花座的莲蓬都是灰绿色的，佛弟子的头都画得很真实。

统风格。由于画面人物众多，画幅较大，这组作品大多数遭到了相当程度的毁坏，有几个甚至成了碎片，但也有几幅保存得较好，这些丰富的材料使我们能够看清此风格的所有特征。净土画都是图解著名的《佛说阿弥陀佛经》中的西方净土和其他传说。

净土画左右两侧小条幅的内容也来自这部经。一侧画的是频婆娑罗王及其邪恶的儿子阿阇世王的传说，此传说记载在《佛说阿弥陀佛经》的第一部分中，与释迦牟尼传播佛法有关。另一侧画的是频婆娑罗王的王后韦提希观想阿弥陀佛净土中的各种事物，也载于该经的第二部分中。由于篇幅所限，对这些条幅的造像特点我只想说几点：传说故事完全以中国世俗风格画成，人物服装也是半古代式的，这些都与佛传幡画一样。表现运动的场面一般都画得很生动，而韦提希观想的场景则比较单调，其中韦提希是呈静止姿势的。我要专门提到两个场景，因为它们与释迦牟尼有关。一个画的是著名的佛本生故事，即释迦牟尼前生为白兔时，献身于一个猎人以使他免除饥饿。另一个场景中画着释迦牟尼上半身出现在一座小山后面，这是他从远方的灵鹫山现身，鼓励狱中的频婆娑罗王的故事。后一个场景比较重要，因为日本佛教艺术中的一个常见主题——所谓的 Yamagoshi-Amida——就起源于此。

两侧条幅中人物不多，风格朴素。但当我们再来看画面中间的极乐世界时，马上就会被它丰富的细节和华丽的风格所打动。在欣赏这复杂甚至有点拥挤的构图时，我们不禁想起彼得鲁奇先生的话:"敦煌作品把数量最多、最华美的佛教造像呈现给了我们。"第一眼看这些净土图时,大群的天堂人物和他们繁复的装饰可能会让人有点不知所措。但仔细研究一下我们就发现,画面都是按照既定程式布局的,不论是什么佛的净土,构图都是类似的(只有极小的差别),人物的分布全是对称的,这表明,在藏品中年代最早的极乐世界图之前,净土画的模式就已经确定了。

藏品中有一幅小素描画的是净土画的简单轮廓(彼得鲁奇先生是第一个请人们注意它的)。中间是阿弥陀佛的莲花座,右为观音,左为大势至——日本极乐世界图中也是这西方三圣。阿弥陀佛和两个胁侍菩萨之间画着释迦牟尼的弟子药王和药上,这使我们有可能确定其他净土画中央佛两侧佛弟子的身份。[1]

三圣两侧和前面有成群的坐姿或跪姿小菩萨,其服装和姿势比其他人物都更严格地遵循印度传统,他们数目不等,但总是佩戴着大量装饰物。三圣及其从者位于画面中间的大平台上,平台则坐落在七宝池中。再往下有一个较低、较小的平台,上面坐着天宫乐伎队,乐师的服装与菩萨类似,但有时其五官是现实主义风格的,更像男子。他们演奏的各种乐器具有相当的考古学价值,施莱辛格小姐对此做了专门的笔记。这个平台的前面总是有个引

---

1 各画中佛弟子的数目有所不同。有些画中的弟子画成光头和尚,有些画中弟子的头发剪得很短。值得注意的是,草图中三圣周围的四大天王在此类净土画中没有出现,但在简化的净土画中有天王。弥勒净土中也有天王。

人注目的舞伎随着音乐翩翩起舞。她显然是一个女性（可能是天女），衣袂飘举，手挥长巾，舞姿迅疾而优美。

画面左下角和右下角是两个独立的平台，上面各是一个地位较低的佛坐在香案之后，并带着两个随侍的小菩萨。这些平台有台阶通向水池，台阶上总是有一些婴儿貌的往生灵魂，正沿台阶而上，准备加入神祇的行列，与他们共享天堂之乐。前景中央的池子中有一张筏子（或低矮的平台），上面常有个迦楼罗，迦楼罗面前是四只神鸟。画面最上面一般画着天宫，可见宽敞的游廊、双层楼阁，两侧的塔上面是敞开的佛龛，均以中国风格和透视法画成。仔细研究一下这些建筑大概可以提供一些考古学上的信息，正如看了佛前面香案上的布后我们便知道，敦煌石窟纺织品遗物中那些大拼贴布就是盖香案用的（图27）。画面顶部是深蓝色的天空，其中画满了驾云的坐佛小像、飞舞的饰带和华盖、系着飘带的乐器等。最后我要说的是，绿色调常在净土画中占主导地位（尤其在其背景中），这不仅是净土画也是千佛洞其他壁画的一个引人注目的特点。

在这组大净土画中，只有一幅保留着供养人。尽管保存不佳，他们的服装和发型却分明接近于公元864年和891年两幅画的供养人，因此这幅画可能是唐朝晚期的作品。还有两幅大绢画也应该被归入阿弥陀佛净土一类中，它们画的是无量寿佛净土（无量寿佛是阿弥陀佛的一种特殊形式）。画面主体部分的布局和两侧小条幅基本上都与阿弥陀佛净土一样，只不过无量寿佛右边是文殊，左边是金刚手。这两个胁侍菩萨的姿势和整体处理更接近印度风格，通过其标志物我们得以断定他们的身份。无量寿佛身上也显示出更多的印度风格。

但我们的净土画并不全是阿弥陀佛（含无量寿佛）净土。如果彼得鲁奇先生的判断是正确的话，有两幅保存比较完好的画画的是释迦牟尼净土（阿弥陀佛是释迦牟尼的一种神秘化身）。这两幅作品与其他净土画的不同之处在于，它们的两侧小条幅中画的是善友太子和恶友太子的传说。其中的小条幅中有较长的题识，根据沙畹先生的判断，这些题识的一部分出自一部汉文佛经。两幅画的整体布局与阿弥陀佛净土是类似的，但也有一些小差别。在这幅画中，左下角和右下角独立的平台上不是地位较低的佛，而是伎乐队，中央佛两侧是两个胁侍菩萨和四个光头弟子（其中一个弟子又老又瘦）。彼得鲁奇先生辨认出，在另一幅画中，释迦牟尼两侧的题识中写着舍利弗和目犍连的名字。

这两幅画中的另一幅的构图相对要简单一些，其前景的安排也有特别之处。左下角和右下角是两个优美的迦楼罗，迦楼罗之间的大平台上坐着一个很少见的佛，其肩上画着日轮和月轮，胸前画着须弥山，彼得鲁奇先生认为这是释迦牟尼。两幅画的供养人都保存了下来，有趣的是，他们的服饰与公元864年、891年那两幅作品类似，而不同于公元10世纪的供养人。

有两幅精美的画艺术价值都很高，画的是东方药师佛净土（图112）。亚洲北部从西藏到日本自古就很崇拜药师佛，因此发现药

图 112　绢画，画面为观音及供养人

师佛净土画不足为奇。画面两侧的小条幅中都画着与药师佛有关的传说，这些传说场面都是纯粹的中国风格，并伴有题识，沙畹和彼得鲁奇先生将对它们进行详细的解释和评论。药师佛净土主体的布局与阿弥陀佛极乐世界总的来讲是一样的，但也有不同之处，可以看作是药师佛净土画的特征。这些特征包括：前景中独立的平台上画有药师佛十二将，均顶盔贯甲，服饰华丽，与天王很相似，底部还画了两个地位较低的佛及其从者。由于其中一幅的最顶部已缺失，所以无法得知，药师佛曼荼罗中是不是在左上角和右上角分别画着千手观音和千臂文殊像。

这两幅画中的另一幅画得很有活力，做工精良，幸运的是，它的色彩依旧保存得很完好。它的许多细节之处都值得注意，但这里我只能说几点：彼得鲁奇先生辨认出来，中央佛两侧的胁侍菩萨是文殊和普贤。右上角另外还画着持一千个化缘钵的文殊像，这是藏品中唯一的千臂千钵文殊像。三圣的眷属中有鬼怪和形如天王般的武士，这也是藏品中独一无二的，他们及一些次要人物使本画显得十分生动。此画中的舞伎服饰华美，无疑是一个年轻女子，正在活泼地跳舞，她旁边有两个婴儿也在狂舞。水中漂浮的莲花上是其他新生的灵魂，有的刚从花中跳出来，有的蜷缩在花里，沉浸在甜美的睡梦中，有的形如庄重的坐姿小菩萨，但仍带着惺忪慵懒之态。伎乐队人数极多，某些乐器与奈良正仓院的藏品完全一样。别的画里地位较低的佛都是像雕像一样坐在两侧的亭子中，但此画中即使他们也饶有生气——他们刚刚离开莲花

图113　绢画，画面为兜率宫弥勒净土

座，带着从者向主要平台两翼的栏杆走去。更生动的是那些小菩
萨，有的自在地坐在游廊的栏杆上，有的正拉开窗帘，有的悠闲
无事地享受着极乐世界的生活。最后还应该提一下，此画笔法高
超，清晰、细致而有活力，色彩鲜艳并巧妙地保持着平衡。

　　另一幅东方药师佛净土画的工艺同样很精湛，但人物没有这么多，色彩也没这么丰富，整幅画洋溢着一种宁静、祥和的气氛（图46）。中央佛和两个胁侍菩萨之间出现了几个个性鲜明的佛弟子，均手持莲花蕾，但没有其他表明其身份的标志物。此画着色很不寻常，色彩依旧十分新鲜。

除了一个残件（画的是内容不明的佛本生故事，大概本是一幅极乐世界图的一部分），我们只剩下两幅净土画没说了。一件是保存完好的绢画，画的是弥勒净土，画面顶部和底部是取自《弥勒下生经》的故事，其中有题识（图113）。此画在构图上和艺术上虽然无法同极乐世界图中之上佳者相比，但它却有特别的价值，因为它是藏品中的唯一一幅兜率宫净土画——这个净土是由未来佛弥勒统治。根据佛教传说，许多大法师可以与弥勒佛切磋佛法，虔诚的玄奘法师就希望往生于那里。虽然弥勒要在未来才能成佛，但此画把弥勒画成了佛，这与亚洲北部在佛教造像上的做法完全符合。但这幅画中，弥勒的手并不是施说法印（坐姿弥勒一般施说法印），也没有持小甘露瓶，而甘露瓶是他在犍陀罗艺术中的标志物。目前，弥勒左右的两个大菩萨身份还没有确定。大菩萨和弥勒之间有两个貌如僧侣的人物，彼得鲁奇先生认为他们是善恶童子。中央三圣两侧有两个天王、两个金刚，与幢幡画中的形象完全一样。弥勒的香案前面有舞伎和乐师，左右的平台上是两个地位较低的佛及其随侍菩萨。整幅画人物虽然不多，却显得有点拥挤。

关于顶部的传说场面，我想说两点：右边的人物是地方官，头上戴的是那种宽檐黑帽——公元10世纪作品中的男供养人几乎都戴这种帽子。这些场面与其他传说场面一样，背景完全是中国风格，并用典型的山脉把传说场面与弥勒净土分开，山脉上画着松树（敦煌的画家们在自己身边都不可能看到这种山，吐鲁番绿洲中的画家们更是如此——那里的山都是光秃秃的）。画面底部中间画的佛塔很有文物价值。佛塔的形状似乎是圆柱形，上面是一个低矮的平顶，底下是四方形的底座。佛塔左右长长的香案上摆放了一些东西（其中包括装着写卷的包裹），大概代表的是所献的供品。左下角和右下角画的是一个男子和一个女子皈依佛门（从他们的随从来看，他们都是地位较高的人物），这两个场面也很有文物价值。

　　还有一幅大绢画与其他净土画都不太相同。画面上方三分之一是净土，其余部分是各种场景，有的为世俗场面，有的为天堂场面，有的场面之间很难划分开来，各场面的内容和它们之间的联系仍有待研究。整幅画的一个显著特点是，并没有一个占主导地位的人物，也不像其他极乐世界图那样遵循着生硬的对称原则。奇怪的是，此画中的净土被放在了一堵高墙之后。

第四章

千佛洞的织物和写卷

第一节　装饰性织物：起源、用途和工艺

在千佛洞石室发现的艺术品中，无论从数量上还是从艺术价值上，仅次于绘画、素描、印刷品的就是装饰性织物了。它们几乎都是丝绸，这一宝藏对于研究中国纺织艺术和工艺史提供了新的资料。而且，它们还显示出中国纺织艺术同中亚、近东纺织品的关系，这更增加了它们的价值。考虑到它们的重要性，除了安德鲁斯先生和洛里默小姐对每件织物的详细描述，似乎有必要简述一下它们所用的材料、本来的用途以及图案的编织方法和风格。由于知识有限以及篇幅不足，我要在这里讨论这一问题受到了很大的局限。本来我很迟疑，但是当我想到，尽管我的概述很草率，却有可能引起专家学者对这些多姿多彩的藏品的注意，从而促进

将来对它们的研究，所以我还是写下了这篇文字。

　　但在概述之前，似乎首先应把两件文物单列出来，它们在工艺上是纺织品。

　　第一件是大刺绣吊帘，绣的是释迦牟尼在灵鹫山上（图44）。无论是从尺寸上来讲（中央保存得完好的释迦牟尼像几乎有真人大小），还是从它极为细致的做工来讲，它都是画作中极醒目的一件。佛像虽然从造像上看有点僵硬，但十分精美。我们已经说过，佛像姿势、服装的每一细节都属于一个特别类型，这一类型本是起源于印度雕有释迦牟尼在灵鹫山的佛像。关于它们在造像上的相似性，我们无须在此重复。唯一不同的一点是，在刺绣画中，佛站在一对衣着华丽的菩萨和两个佛弟子之间。菩萨基本上完整地保留了下来，但当绣像折起来存放时，佛弟子恰好位于折痕，受了几百年的重压，所以除了绣得很好的头部，身体其余部分已缺失。右边的光头佛弟子年纪较大，绣的是迦叶。

　　菩萨的面部五官显示出了中国风格的影响，但菩萨、佛弟子的形象简单而生硬，这表明，它们与经中亚传来的印度原型有密切关系。再加上佛身上保留的印度特征，使我们觉得，这件绣像可能年代较早。当我们再看一下底下的供养人，以及绣像中人物附件的某些独特风格后，这一点更加确定无疑了。右边跪着四个男供养人，左边是四个女供养人，两侧后面都有个站立的侍者。只需看一下供养人就会发现，除男子一侧的和尚外，供养人的服装与两幅阿弥陀佛净土画的供养人很接近。大量特征都引导我们得出这样的结论：这几幅画不会晚于公元8世纪，甚至可能还要早。男供养人都戴着有"尾"的锥形帽，穿系腰带的长外衣；妇女都穿着相似的胸衣，衣服都有窄袖子，头上都梳着朴素的小顶髻。考虑到大绣像中供养人数量之多及他们外貌上明显的一致性，这一结论显得更有说服力了。

在附件的细节上，绣像与前面说的那两幅阿弥陀佛净土画也很接近，说明它们出自同一时期，而且可能在风格上都受同一绘画流派的影响。三幅画中，华盖两侧都飘下一对优雅的衣袂飘飘的天女，天女下面是卷云，天女的这种姿势在其他画作中还没有出现过。在菩萨的服装上，我们可以注意到一个共同的细节——他们袍子的底边上都有类似织锦的装饰物。这三幅画还有一个共同特点：神祇或坐或站在无装饰的灰绿色莲蓬上。进一步研究一下原画，将会发现这一流派的其他特征。[1]无论其确切年代如何，这幅绣像无疑是千佛洞绘画中最古老的作品之一，它使用的铺绣法极为精美、细致，这不仅使画面色彩显得十分明丽，而且使现存各部分均保存完好。

第二件是丝绸刺绣吊帘，似乎也是一件年代较早的作品。这个吊帘由多块织物拼贴而成，这些织物肯定本是一些大织物的一部分，由于时间的关系受到了损坏，这才被机械地、不规则地拼

1　例如，安德鲁斯先生提醒我，有两幅都用模式化的五瓣小花来填补空白处，其中一幅的莲花叶子中心处也是这种小花。

成了现在的样子（图114）。中间的4条窄织物用紧密的锁绣法绣成，每个窄条上都绣着纵向的两排坐佛小像，这种坐佛小像我们在从和田到敦煌的佛寺壁画中发现过不少，云冈和龙门石窟的浮雕中也有很多。每个窄条上都有一些地方是从同一块吊帘的其他地方取下来缝上去的。右边那一条上破碎不全的那些小场景也是这种情况。小场景完全是中国风格，都绣着一个较大的人物走在伞下，还带着两三个随从。这些小画面保存得不完整，无法看出其题材。但值得注意的是，人物的服装不同于其他所有作品中的供养人或两侧小场景中的人物，而且看起来要更古老。人物的头饰使人想起巩县（Kung-hsien，音译为"巩县"，因无进一步材料并不确定，再者巩县浮雕是北朝的——译者），浮雕中的供养人，甚至可能更古老（巩县浮雕是唐朝初年的），并可以同沙畹先生书中公元525年的一件浮雕相比。

　　现在再来说说除这两件以外的织物。我们首先会注意到，它们几乎都是丝绸，而在极少的几件麻布织物中，值得研究的不多。虽然织物在其他方面各不相同，但主要材料却都是丝绸。这一点很引人注意，它清楚地说明，在石室封起来之前的几百年间，敦煌地区丝绸的供应十分充足。丝绸不是敦煌的土产，就连整个甘肃所产的丝绸也很少，之所以在敦煌发现了大量丝绸，应该是因为它位于丝绸之路的要道上——中国产丝的省份就是通过这条路把丝绸运往中亚和西方。

　　点缀丝绸的各种方法我们留待下文来说。现在我想指出，石

图114 刺绣吊帘，绣有千佛等像

室织物中还有很多素绸。它们主要是用于制作幢幡和幢幡的各种附件，在人们捐献给寺院的小布施物中也有很多素绸。关于千佛洞织物的编织方法，安德鲁斯先生做了如下的精辟笔记：

千佛洞织物的编织法
安德鲁斯

千佛洞织物中包括手工织布机织出的常见纺织品，可以分成平纹布、凸纹布、棱纹平布、斜纹布、缎纹、纱和绒绣，还有大量装饰着图案的织物，可分为锦缎、带花纹的彩色织物、提花织锦。编织方法极为复杂，下文中我只说一下基本特征，并避免使用专业术语。

最简单的编织法学名叫平纹布，由两种互相垂直的线一股一股交错着织成。纵向的线叫经线，绷在织布机上；横向的线叫纬线，挂在梭子上，随着梭子的前后运动而与经线交织在一起。我们的大量藏品都是这种织法。有时，所用的丝线是如此之细，织得如此紧密，以至于表面的纹理几乎看不出来。

当经线粗、纬线细时，纬线绕过经线，使得织物表面产生了横向的罗纹，这种织物叫凸纹布。这种方法会使编织紧密的平纹织物表面出现多种的效果，如盖香案的布上的饰带。当纬线比经线粗形成凸纹时，就叫棱纹平布。

从编织者的角度来讲，所有编织法中最有价值的就是斜纹，这种织物不仅相当结实，而且表面的色彩是连续的，如果使用带色的经线或纬线的话，能织出最复杂的彩色图案。斜纹的编织方法不像平纹布那样把一股经线与一股纬线织在一起，而是多股经线或多股纬线相编织。比如，纬线可能会越过三条以上的经线，然后织到一条经线底下，再越过三条经线，依次类推，这样的长针脚叫"飘"。其结果是，织物表面形成了一种很明显的斜向罗纹。斜纹可以织得比平纹紧密得多，由于织物正面都是长针脚，人们一般根本看不见经线，只有连续的纬线构成的织物表面呈现在人们面前。

缎纹只是将斜纹稍微改变一下，由于针脚很长，看不见经线，织物表面显得很光滑。如果纬线是稍微捻过的丝线，光泽就更醒目，我们的藏品中大多数彩色花绸都用的是这种纬线。有时，纬线相当宽，造成了一种阶梯状效果。显然，如果一股扁平的纬线绕过一股紧绷的经线，纬线最后的轨迹与经线是吻合的，也就是说，这条轨迹是直的。绕过同一股紧绷经线的纬线越多，轨迹就越长。如此而来，每组图案的边都形成了直角，即图案中的每个转角处都是或进或退的直角，呈阶梯状，阶梯的大小由经线间的距离和纬线的股数决定。

为使自己的工作简化，织匠常常尽可能地减少转弯处。如果简化得太过分的话，图案就变得越来越模式化，经过几代人的发展后，最后图案就已全无意义了，许多亚洲地毯的图案就是如此。而另一方面，图案变得有棱有角，常使线条显得比较有活力。

如果织布机上经线的宽度和纬线的股数平衡得不好，图案就会发生变形。这或是因为纬纱的数目计算得欠精确，或是杼用得太松或太紧（杼是织布时用来拉紧纬纱的工具），其结果是，图案在纵向上被拉长或挤扁了。图115中的对狮就存在这个缺点，同狮子的高度相比，其身体过短了，轮廓线也扭曲了。图116中对鹿的联珠边也有类似缺陷，这两件织物中原来的旋涡饰也都成了椭圆形。

从上文对斜纹的描述中我们可以看出，用斜纹可以织出无数种花样——从简单的斜条纹到锦缎般的极复杂图案，并能织出十分繁复的色彩。两种方向相反的斜条纹可以形成菱形图案——这种图案显然是织匠的创造。同心菱形图案，或将斜条纹交叉的地

图 115 花绸织物图案示意图

图 116 花绸幢幡顶饰图案示意图

方加粗以形成六边形，这些只是前面图案的变体。事实上，所有斜纹布中之所以会出现直线形图案，是因为，在斜纹布的制作过程中，必须把线条交叉在一起。这些线条包括纵向的经线、横向的纬线、朝相反方向发展的斜纹轨迹，所以很自然就形成了方形和多边形。

锦缎的织法是斜纹的变体。地一般是由经线组成的缎纹斜纹，图案是由纬线组成的缎纹斜纹。也就是说，地是由经线的长针脚构成的，花纹是纬线的长针脚构成的。经线和纬线垂直相交，从各种角度反射着光线，使得图案从地上凸现出来。

某些彩色花绸织得结实而紧密，有些是双面。纬线是彩色的；经线较细，有的是未经任何加工的本色纱线，有的用一种溶液处理过。处理过的经线会变得又脆又硬，有时已完全脱落，只剩下一组纬线了。纬线布置得很优美（在萨珊风格织物中尤其如此），色彩贯穿整幅织物。

图117中用了挖花织法。现代编织技术中的挖花设备是一种附在织布机上的工具，通过这种工具，可以隔很远在织物的某些地方加入另一种颜色，而不必把这些颜色一直苫在织物表面。敦煌织物中的点状图案用挖花织法最合适，事实上也的确用了这一织法。有时也出现了把长长的纱线带在织物正面或背面的不可取做法，但一般背面用丝绸衬里来加以保护。而大多数花绸没有这种缺憾，编织得无懈可击。

在纱中，丝线的安排方式与上述做法不同，其主要目的是使

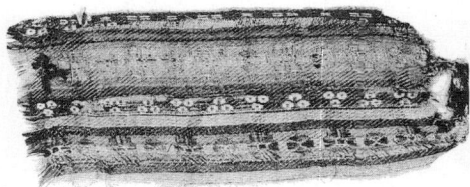

图 117　花绸残片

图 118　纱罗图案示意图

织物更透孔，纹理更透明。一般布中，经线是彼此平行的，而在平纹纱中，经线是一对一对出现的，各对在纬线之间相交叉。一对经线总是出现在纬线之后，另一对则总在正面。其结果是纱的质地很结实，经线和纬线在交叉处是分开的。通过改变交叉的位置和线的分组方式，可以得到一些图案。先把一组线合在一起，隔一段距离又将它们分开，也可以形成图案。此外，隔一段距离把经线和纬线像平纹布那样交织在一起，会形成图118那样的图案。

此处要说的各种织物，其最初用途和出现在石室中的原因不尽相同。除彩绘幢幡外，还有一些庙里用的幢幡，也有三角形顶饰、饰带等附件，这表明，当时各种丝绸的供应都十分充足。幢幡所用的材料有素绸、锦缎或印花绸，形状、安排方式与前面说过的彩绘幢幡基本一样。有些幢幡的各部分早在封入石室之前就已与主体脱离，其中最常见的是三角形顶饰。由于人们喜欢用华美的织物做顶饰，这些顶饰及其附件（如镶边、吊带）就构成了价值很高的丝绸织物宝藏。

石室中的各种小块织物数量同样很多，而且同样重要——无论这些织物最初是用在衣服上还是别的什么地方。它们之所以出现在石室中，是因为它们是施主捐献来的。虔诚的信徒们经常从衣服上撕下一些布块，作为还愿品献出来，这种做法在东西方的寺院和其他圣地都极为普遍，在此无须赘述。从我第一次在塔里木盆地探险起，就多次请人们注意这些"还愿织物"的考古学价值——不论它们是在古代还是现代朝圣地出现。[1] 凡是由于干燥的气候或其他原因使之得以保存的地方，这些织物都仿佛组成一个纺织品展览，留待未来的文物学者进行研究。在千佛洞石室中，这些织物不仅包括窄条的各种素绸和花绸，而且还有很多由这些碎片拼贴成的织物。由于拼贴布中的织物理应是出自同一时代，所以它们能提供一些时间上的信息，这种信息将来可能会更有用。

前面说的还愿用的拼贴布主要是两条盖香案用的布和不少较小的织物（本是这类拼贴布的一部分）。这种拼贴布应该是用来盖

1　尼雅遗址以南的当代朝圣地伊玛目·贾法尔·沙迪克的树上就挂着数量极多的各种还愿织物，在安迪尔的古代寺院也发掘出了很多类似的还愿织物。

香案或雕像底部，因为在某些净土图等大画中，神前面的香案上就画着与此完全相同的布。它们主要是由一长条丝绸构成，其底边上先是缝了很多三角形飘带，然后又缝了一排吊带，后面衬了一块素绸短幕作背景。飘带和饰带由从其他织物上裁下来的小块拼成，包括刺绣、花绸、锦缎、纱或印花绸，种类十分多样，布局上也没什么规则，饰带本身也常常是拼贴而成。饰带和飘带末端常打个结，或做成流苏，或缝一小团其他花绸，这些东西大概表示拼贴布本是还愿用的。[1] 大还愿织物（图43，上；图119）的形状与上述两件拼贴布不同，但组成却类似，是由矩形刺绣、花绸、锦缎、印花绸拼成，色彩丰富，图案式样很多，给人的印象很深。其他小块织物，如丝绸或麻布做的华盖以及纱做的纸，肯定也是还愿用的。

　　用丝绸制成的写卷卷轴封面用途比较特殊，它们虽然数目不多，但同样把大量精美的织物展示给我们。图120完整的图案十分引人注目。它镶边和条带上用的是花绸，花绸上萨珊风格的图案极为醒目，还用了特别精美的窄条织锦作装饰。从形状和结构上来讲，这个封面以及其他保存得不太完整的封面，与日本正仓院所藏的一件唐朝初年的封面十分接近。另一个封面也与此类似——它用竹篾编成，装饰着编织得很精巧的丝绸条（图121）。

　　1　有些饰带末端还缝着小人，更加说明了织物的用意是为了还愿，祈求神保佑孩子。

图 119 拼贴布，由刺绣和花绸拼成

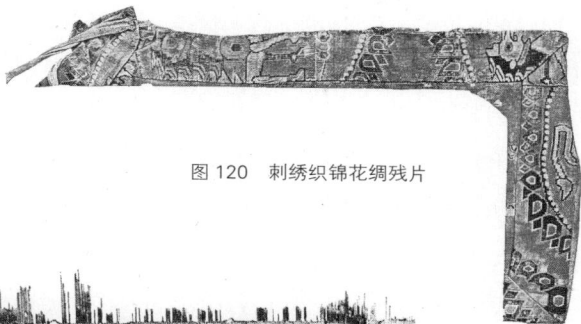

图 120　刺绣织锦花绸残片

图 121　竹篾与丝绸编织的写卷卷轴封面残片

图 122　刺绣织锦花绸残片

最后还要提一下美丽的刺绣品。作为一件纺织品它很引人注意，但用途尚不明了。它的植物图案极为优美，还装饰了金叶子和银叶子（图122）。

有大量资料证明，中国的纺织工艺在很早以前就十分发达。因此，不难设想，如今远东丝绸制造业中的几乎所有主要装饰方法，在千佛洞织物中都已出现了，而且工艺都相当完善。这里，我简单说一下几种装饰工艺及其代表性作品。有一点很明显，虽然很多织物出自唐朝甚至可能更古老，但它们并不能对中国纺织业的发展史提供太多的新信息，因为在唐朝以前更久远的时期，中国的纺织业就已经十分发达。

从为数极多的锦缎和纱上，我们可以看到在织物本身纹理上所用的最简单的装饰法——因为它们的花纹虽然是单色的，却有各种各样的图案（图123）。在我们的藏品中，这类带花纹的锦缎和纱几乎与彩色花绸一样多，但值得注意的是，它们受到的西亚（即波斯）纺织艺术的影响，比花绸中要少得多。西亚风格一般被称作萨珊风格，正是因为其与萨珊风格的联系，使得许多花绸具有了特别的文物价值。但纵使没有这种联系，花绸那鲜艳而和谐的色彩、精巧的工艺，也必定会引起人们的注意。这类花绸在藏品中数量很多，这大概是因为人们特别喜欢在幢幡顶饰中使用这种明艳的花绸（图43，上）。

藏品中的中国织锦只有几件，但它们的工艺全都极为精细，都是用针制作的。我们发现，同一块织锦的小块部分被分别用在

图 123 锦锻图案示意图

图 124 印花绸残片

不同的幢幡、写卷封面中，这表明了人们对织锦的重视。与一些刺绣品一样，织锦中还用了金叶子，其方法是把金叶子粘在纸上，再把纸裁成极窄的条——这种做法至今在远东地区仍很流行。

关于在纺织品成品上再进行装饰，我们的大量藏品展示了两种方法。第一种是刺绣，一般以铺锈法绣在纱上，大多数刺绣品的工艺是无可挑剔的，这种工艺仍保留在当代中国的刺绣之中，刺绣中的植物图案全是纯粹的中国风格。第二种方法是印花，大多数印花绸的图案也是中国风格，但即使所印的图案从艺术上来说是赏心悦目的，工艺却无法与其他织物相比（图124）。有几件印花绸的图案显然受到了西亚风格的影响，而工艺则是中国风格。下一节在讨论萨珊纺织品图案对中国的影响时，我们还会提到这些印花绸，看它们对解决这个有趣问题是不是有所帮助。

第二节　织物中的中国风格图案

无论是千佛洞织物的工艺还是编织方法，都不如其图案和图案中所显示的艺术风格那样具有考古学价值。大量历史资料早已证明，早在千佛洞石室封起来之前几千年，中国的丝绸纺织技术各方面就已达到了炉火纯青的地步。同样毫无疑问的是，从很早时候起，编织带花纹的织物、织锦和刺绣的方法，就已为东西方的人们所熟知，并得到了广泛应用。但由于最近在埃及古墓中发现了大量希腊晚期和拜占庭时期的织物，学者们对近东、中国的古代丝绸业及其相互的影响提出了很多重要问题。[1] 要解决这些问题，有年代可考的中亚或远东古代织物无疑具有重要价值。考虑到千佛洞织物的年代（至少其下限）是确定的，以及敦煌在中亚交通要道上的重要地理位置（中国产丝的地区与西方之间的跨国贸易一直就是沿这条丝绸之路进行的），认真研究一下千佛洞纺织品的图案无疑会给我们很多启发。

虽然我目前能看到原件，也能查阅到关于西方和日本相关织物的出版物，但我仍无力对所有图案作系统研究。所幸的是，安德鲁斯先生和我一开始就意识到了千佛洞织物中图案的价值，史特拉兹高斯基教授1911年还给我提出了特别的建议，因此，我们及时准备了大量照片和示意图，来说明织物中有代表性的图案。这些图片都是在安德鲁斯先生的指导下精心制作而成，各方面均真实可信。

下面依据的都是这两位孜孜不倦的同人所提供的资料。我将先说一下千佛洞织物图案在风格上的显著差别，然后再谈谈织物的产地问题。我的论述将很简略，并只限于考古学上的重要问题。但我也会说到中亚古代的丝绸贸易对图案的传播所产生的影响，

1　是史特拉兹高斯基教授第一个凭直觉强调指出，伊朗（以及在文化和政治上与伊朗相关的地区）的纺织品，先是对希腊化地区、然后对南欧产生了几百年的影响。人们后来的研究证实了伊朗的萨珊风格织物与远东从波斯引进的图案之间的关系，史特拉兹高斯基教授则很早就注意到这种关系。

还会提到我第三次考察中发现的更为古老的丝绸织物对这些问题能提供的新启示。

千佛洞织物的图案可分成两大类，两类的数量差别很大，但都很有价值。绝大多数织物属于第一类，它们的图案要么一眼能看出是中国风格，要么是不受外来影响在中国纺织艺术中发展起来的。第二类图案则要么显示出在萨珊王朝统治时期，伊朗和其近东相邻地区装饰性纺织品的典型风格，要么是中国或其他地方所模仿的萨珊风格。一些值得注意的问题主要与第二类相关，包括织物的产地问题，以及为什么遥远的东方会模仿西方的图案。

不论其具体工艺（刺绣法、织花纹的方法等）如何，千佛洞织物的图案绝大部分是纯粹的中国风格，这种现象在当地环境、地理位置、占主导地位的艺术影响中都可以找到解释。我们已经说过，自从汉武帝修的长城延伸到敦煌以来，敦煌就一直是中国领土。从汉朝第一次经营这块绿洲，到千佛洞石室被封闭，中间经过了1 100多年，在这段历史的大部分时间里，中国的丝绸业在包括西方地中海地区在内的世界上都处于垄断地位。即使在石室封闭之后，中国丝绸仍远销中亚。即便在今天，在经历了诸多历史巨变之后，这一事实仍未改变。在长达几个世纪的时间里，从丝绸之国中国出产的丝绸都要经过丝绸之路这条贸易大动脉销往遥远的西方，而丝绸之路就途经敦煌，这无疑加强了中国本土对帝国西部这个要塞的控制。我们已多次提到过古代丝绸贸易留下的丝绸成品。

　　后来，养蚕业传到了中亚。但即便中亚某些地区的丝绸制品在质量和产量上能与丝绸古国中国相比，看一下地图我们就会知道，从商业角度来看，无论是在古代还是现代，中亚的丝绸出口到东方的敦煌都不太可能。古代粟特地区中，只有法哈那、撒马尔罕、布哈拉的地理环境有利于较大规模地发展养蚕业和丝绸业，这几处到敦煌的距离几乎相当于四川到敦煌的两倍，而四川是中国的主要产丝省份之一。此外，从中亚到敦煌要越过高山，一路上主要是沙漠，运输上存在着极大困难。和田较早就从中原地区引入了养蚕业，但那里丝绸和丝织品的产量不可能很大，而且从那里到敦煌也存在着运输上的困难。敦煌及附近的甘肃西部地区气候上则不适合养蚕，所以千佛洞的任何丝绸都不可能产自本地。但织物上的图案无疑十分合乎当地人的口味。在所有艺术问题上，敦煌本地人的趣味都是中国式的。

　　前面说过，千佛洞织物之所以在考古上具有特别的价值，是因为它们的大致出产时期是已知的，或至少其下限是已知的。因此，把这些中国风格的图案同早期中国纺织艺术品中的图案相比较，会得出有益的结论。但这个任务在此我无力承担。除其他局限性外，目前我无法参阅有关出版物——这类出版物中登载着正仓院和日本其他地方的年代大致可考的织物的情况。1914年我在楼兰地区的汉墓中发现了大量更古老的织物，对这些织物的研究目前远未完成。所以，我在此只能简述一下千佛洞中国织物图案的主要类型，并只能述及最有代表性的织物。

图 125　织锦花绸残片

中国风格图案可分成两大类。第一类是植物图案，都程度不同地倾向于现实主义的处理方法，并常同动物图案（主要是鸟）结合在一起。另一类是几何图案，其基础是某种流行的花纹，如"菱形纹"或重复的"点"。这类花纹也常变得类似于植物，有时甚至也接近于现实主义风格。

我们发现，在刺绣品中，第一类图案得到了最自由的发挥。这一点很引人注目，但并不令人吃惊。因为刺绣者的绣针是不受技术的影响的，而由于技术原因，使用织布札的织匠更愿意选用模式化的图案。实际是，尽管主题和安排相当不同，我们的所有刺绣品上一律是自由、大胆的植物图案，看一下图119、121、122、124中刺绣品就会充分看出这一点。其中写卷封面（图122）设计大胆，树茎拖得很长，花朵色彩缤纷，更有飞鸟使刺绣显得生动起来。这件刺绣不仅最精美，也是保存最好的作品。图125

幢幡构图和谐，工艺精湛，保存得同样很好。

我们也发现，完全是中国风格的印花织物的细节部分也是相当优美、大胆的植物图案。在拼贴布（图43，上）镶边上的图案中，尤其值得注意的是其中优美的花枝和花枝上的鹦鹉。在一幅印花幢幡的圆形"点"状花纹中，我们可以看到一种十分典型的中国图案，即两只飞鸟绕圈旋转，其中的飞鸟是鹤（图126）。图127~129中的图案是由小花组成的菱形花纹。应该同印花绸归入一类的还有几幅幢幡，幢幡上用模板印有中国风格的图案。其中有最有趣的图案，是两只鸭立在菱形之中，菱形由富丽而逼真的植物图案构成（图130），这个图案的风格和处理方式使人自然地联想起正仓院藏品中的一幅精美的彩绘图案（图131）。

在出自织布机的图案中，应该放在第一位的是织锦图案——织锦数量虽然不多，却很醒目（图132）。这些图案也完全是中国风格，花纹也是以植物为主，但比前面所说的那几类更加生硬、更加模式化。织锦条和写卷封面中，图案似乎是旋涡饰和模式化的棕叶饰，色彩也富丽而和谐，纹理也十分细密——这也是这些小块织锦的共同特点。

彩色花绸（其中一些就工艺来讲可被称为"真正的织锦"）图案种类很多，也很有趣，其中既有现实主义风格的植物图案，也有多少有点模式化的几何图案。图133的图案与之类似，但更加模式化，是成对的狮子绕圈旋转。图134的图案十分优美，是由小花构成的，每朵小花两侧都有两对活生生的鸭子。我们在一条

图 126　印花绸残片

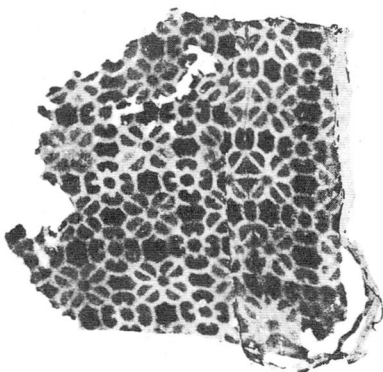

图 127　印花绸残片

图 128　印花绸残片

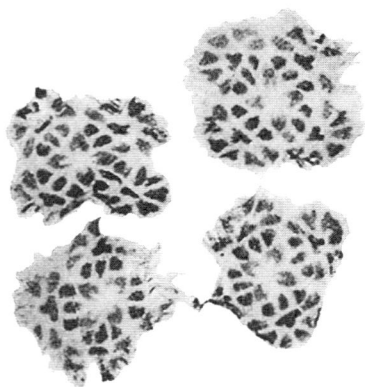

图 129　印花绸残片

图 130 印花绸残片

图 132 花绸刺绣残片

图 131 用图案装饰的丝绸图样

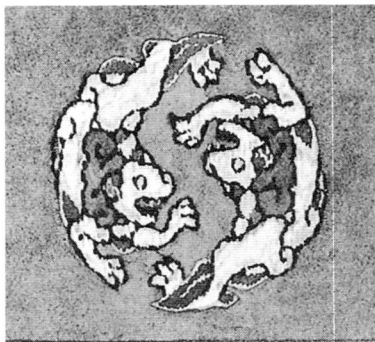

图 133 花绸幢幡顶饰示意图

图 135 扶贴帷幔顶上的花绸
图案示意图

图 134 花绸刺绣残片

花绸中发现了一种很有趣的图案，是把现实主义风格的动物和花朵同模式化的图形结合在了一起，图 135 中是其重构后的完整图案。那两对自由奔放的飞驰的鹿是每个花纹中最醒目的特征，它们是典型的中国风格，也见于正仓院藏品中。图 136 的图案性质与其类似，但是是由鸟和模式化的花朵构成的。

彩色花绸中的几何图案花样也很多。图43上图中可以看出几何图案发展的不同阶段——从简单的锯齿形、四叶饰、朴素的花等，到复杂的网格形（看起来像是由植物构成的）。有一个复杂的图案在几件织物中稍加变化地反复出现，图137的一幅丝绸织物图案示意图最能体现它的特点。这个图案由圆形"点"构成，"点"中是一个八边形，八边形外面环绕着旋涡饰和花朵，八边形之间是同样华丽的四叶形花纹。这一图案在正仓院的唐朝文物中很常见，是中国风格。有趣的是，我们于远在西方的喀达里克寺院遗址的两个壁画残件中也看到了它（图138）。其中一幅壁画中，这种图案与萨珊风格的椭圆形团花并列在一起，这似乎象征着和田所受到的来自东方和西方的双重影响。图139中的图案虽然简单却很醒目，在金黄色的底上是排成斜排的猩红色心形。图121是一个竹篾编成的写卷卷轴封面，竹篾由成股的丝线编在一起，丝线构成了很有趣的几何图案。

图136　织锦条

图 137　丝绸织物图案示意图

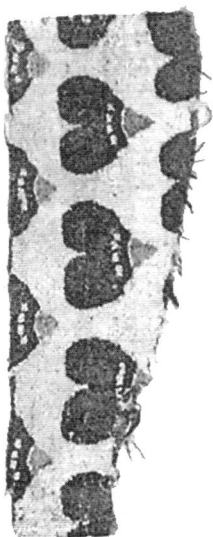

米黄色
亮绿色
亮橙色
石榴红
古金

注：
现存的部分
曾画用点线
标了出来

白　　红棕
浅黄　暗棕
绿蓝　黑
　　　缺失

图 138　丝绸织物图案示意图

图 139　刺绣花绸残片

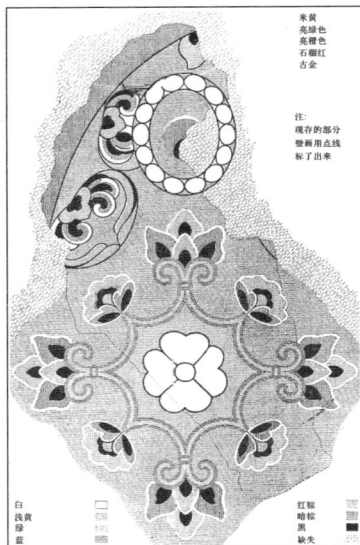

图 140　锦缎图案示意图

这个封面保存完好，在正仓院藏品中也有类似的封面。封面的图案中还织有一个汉字，再加上用的是丝线，表明此封面是中国工艺。

当我们来看单色的花绸或锦缎时，就会发现占主导地位的是较简单的几何图案。只在几件锦缎中（图140、141），出现了复杂的花鸟图案，但这些也很模式化。除此之外，图案多是同心菱形、V形条带、四瓣花、旋涡饰等。无疑，相对简单的图案占多数是出于工艺上的考虑，这一点在纱上体现得更明显（那里只有简单的几何图形）。纱中出现了排成网格的卍字纹和十字架（十字架的空白处是正方形），这些起初会让人觉得图案受到了西方的影响。但我在楼兰地区的古墓里发现的汉代丝绸中也出现了同样的花纹，这表明，中国纺织艺术中很早以前就已经使用这种图案。

图141　锦缎图案示意图

第三节　萨珊风格的图案及其仿制品

与第一大类完全不同的是第二大类图案，它们的布局和做工都十分接近萨珊风格，说明那些织物有可能产自西亚。也有的织物虽然出自中国人之手，其布局却无疑受到了萨珊风格的影响。这第二大类织物数量不多，但对于东方纺织艺术史的研究却非常重要，因为它们可能会对"以可携带的织物为载体的复杂的艺术渗透现象"提供新的启示——这类问题在西方已经讨论得很多，在中亚和远东也应受到同样的重视。

众所周知，公元7世纪或8世纪的唐朝花绸模仿了波斯萨珊风格的图案，奈良合留吉庙的藏品中著名的伊豆织物就明确无疑地证明了这一点。这件织物是公元756年藏在那里的，它的团花造型和团花中典型的狩猎场面是波斯风格，而整个图案的做工和团花之间的装饰性植物图案则是明显的中国风格。有充分证据表明，自那以后几百年间，波斯和其他近东风格的图案在中国纺织品中都出现过。

由上可知，波斯和其邻近地区的装饰性纺织艺术在唐朝初年就已传到了中国，这一点确切无疑。但还有很多问题有待解决，例如这些西亚织物是来自哪个地区，并经由什么道路来到中国的；它们在何种程度上影响了中国人的艺术趣味；为什么人们模仿这

图 142 刺绣织锦花绸残片

些图案并将其出口；等等。在此我无法泛泛地讨论这些问题，但要想澄清它们，有必要对我们的藏品进行仔细的研究。

萨珊风格织物中最受欢迎、最持久的图案就是对兽或对鸟（无论这些织物是产自波斯还是波斯以外地区），而波斯风格的纺织艺术中最常见、最典型的特征，就是把对兽或对鸟等主要图案围在圆形或椭圆形团花之中，团花在织物表面重复出现。我们发现，千佛洞藏品中有一组花绸，一律重复着对鸟或对兽的图案和更典型的团花布局，而且没有任何中国风格和中国工艺的迹象，这使我无法不想到它们可能产自西亚。

它们之中最引人注意的可能就是写卷卷轴封面的镶边和装饰性条带（图142）。这是条织得很好的花绸，其纹理和着色与这幅图完全相同，也是类似的团花图案，团花中也是一对极为模式化的狮子大步而行。其中一件藏于南肯兴顿博物馆中，另一件是三斯大教堂中圣科龙巴和圣鲁的裹尸布[1]。团花之间的空地上不是花朵，而是一对隔树而立的狗——整个图案都是人们熟悉的萨珊风格。三件织物的团花图案有很多共同之处，其中包括：对兽织得都很生硬，团花边都由两层花瓣或叶子构成，整个图案中到处都是阶梯状的边。冯·法尔克教授认为，这三件织物在处理上的典型特征属于一种波斯花绸，这类花绸出自霍腊散或奥克苏斯河地区。

在丝绸幢幡顶饰的图案中（图143、144），我们又看到了同样僵硬的对兽、同样的阶梯状轮廓线。其中有椭圆形团花，团花中是一对鹿相对立在棕叶饰的底座上。团花间的空地上是带缺口的四叶饰，四叶饰中有一对鹅。团花边上装饰有椭圆形联珠，联珠在萨珊风格的织物中是极为普遍的。图144中的残片中，团花边上装饰的是一对鸭，与图143空白处的那对鹅很相似。我们的藏品中，这类织物还有一些，它们都是小残片，完整图案已不得而知，但细节上明白地显示出萨珊风格的特征。值得注意的是，在这组图案中，我们没有发现相交或相连的团花，而相交或相连的团花在其他萨珊图案及其模仿品中很常见。

1　关于三斯大教堂的裹尸布，查泰尔先生认为，有证据表明，裹尸布分成两块是发生在公元853年的事。查泰尔先生在他的很有启发性的著作中说到，他已充分意识到三斯大教堂裹尸布与我们的千佛洞织物之间的关系，伯希和先生所获的千佛洞写卷封面中也有类似织物，现存于罗浮宫。

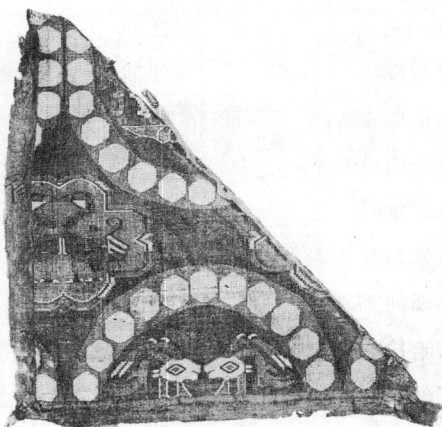

图 143　幢幡顶饰花绸

蓝
绿
红
黄
浅黄

图 144　花绸幢幡顶饰示意图

我们藏品中的上述织物，其图案和处理细节完全为西亚风格。从地理上我们可以得出一个明显的推论：它们经中亚来到敦煌。冯·法尔克教授认为，在欧洲发现的与它们完全相同的织物产自伊朗东北包括奥克苏斯河流域的地区。我目前尚不知道，是什么证据使这位杰出的学者得出这一结论。而我也独立地得出了类似的结论。根据地理和文物上的证据，我觉得，千佛洞中这几件西亚织物并非来自波斯本土或再往西的近东地区，而是产自从法哈那到奥克苏斯河之间的广大的粟特地区，古代工艺美术的中心撒马尔罕和布哈拉就位于这一地区。中国开始向外出口丝绸后，这些城市成了丝绸贸易的中心，所以也有可能较早地发展起自己的丝绸制造业。

自从中国在贸易和政治上首次向西扩张，古代粟特地区和塔里木盆地以及中国西疆之间就存在着多种联系，在此我不可能也不必要详细探讨这些联系，在吐鲁番和敦煌发现的大量粟特文写卷就足以证明这些联系的存在。很难确定传播到中国产丝地区的萨珊风格图案究竟起源于何处——在唐朝甚至更早，当中国同西方的海上贸易已完全确立的时候，模仿萨珊图案的织物就已经出现。但就敦煌石室中的这几件西亚丝绸来讲，我觉得说它们产自古代粟特地区是最合理的解释[1]——那一地区当时肯定自己就能生产丝绸，现在情况也是如此。

有一幅残件的图案使人们注意到艺术风格的相互影响问题（它的多个残件见图121、122）。这件织物重复的大"点"中是花鸟图案，这种图案本是现实主义风格，在此则变得生硬起来，有点像地毯上的几何图案。大"点"之间的小花也极为模式化。无论是大"点"还是小花都有阶梯状的轮廓线，这类轮廓线虽然不是中国风格，却使人想起前面所说的萨珊风格图案。另一幅残件的图案和处理方式也表现出同样的特点。安德鲁斯先生认为，在这两件织物中，本来源自中国的图案在受到萨珊织物风格影响的织匠手中发生了变形，几乎已经难以辨认。我觉得他的看法很有道理。除了上文所述，再没有什么能够引导我们得知，将源自中国的图案加以改造的做法是发生在什么地区。但值得注意的是，这些织物色彩很生动，使用了深蓝和白、明黄和绿这样对比鲜明的颜色，这不仅完全不同于藏品中几乎所有中国织物的和谐色调，也有别于基本上以暗淡色调为主的萨珊风格织物。

有一小组有趣的印花绸反映了相反方向的"艺术渗透"——

1　在此我只能简单提一下，1915年我在吐鲁番的阿斯塔那墓中发现的大量锦缎般的公元7世纪丝绸，其图案也是萨珊风格的，我尚未对它们进行详细的研究，但它们也必定来自西方。这些墓中用作裹尸布的其他为数众多的丝绸似乎产自中国内地。在安迪尔寺院中发现的一件织得很好的花绸残件也有阶梯状的边，但它太小了，无法看出完整图案是什么。

图 145　印花绸残片

图 146　丝绸织物图案示意图

它们的图案虽然源自波斯，但在中国织匠的手里发生了变形。其中最典型的是图145，这几件织物属于不同的幢幡，但印自同一个刻得很好的模子。在一幅丝绸织物图案示意图中给出了尽可能完整的图案（图146）。这一图案的主要部分是典型萨珊风格的圆形大团花，团花里下半部分是一对相对而立的鹿，鹿的一只前腿抬起，鹿之间有一棵模式化的树。不幸的是，团花里上半部分的图案已无法确定，但从产于西亚的萨珊风格图案以及另一幅印花绸上的图案来看，团花上半部分极有可能也是一对动物。团花边上是椭圆形联珠，这在萨珊风格图案中也很常见。团花反复重复，纵向、横向都相连。团花上、下、左、右四点不是联珠，而是方形装饰物，这与奈良合留吉庙的伊豆丝绸是一样的。团花之间的空地上有大团叶子组成的菱形，虽然不太逼真，但显然是中国风格。鹿脚下的底座也发生了变形——萨珊风格图案中肯定是棕叶饰，此处却成了云朵。从鹿生动、逼真的笔法上，也不难看出中国风格的影子，正仓院藏品中一件花绸上的鹿就是这样的形状和姿势。鹿之间的树虽然生硬而模式化，但也不乏中国风格的影响。

　　这个模子无疑是中国人模仿萨珊图案刻制而成，但所用丝绸的质量不是太好，说明这些织物可能不是为了专门向西方出口。模子有可能是敦煌本地人制作。对奇怪的印花绸（图147）来说，这更是最合理的解释。它是一件幢幡的一部分，图案与上面那一件的共同之处是也有两对动物，上面一对、底下一对，但此处印的是马驹。这里没有出现萨珊风格的那种典型的团花。此图案的醒目之处在于，马驹生动而有活力，似乎正在自由地奔驰。模子刻得稍微有点生硬，由于丝绸很薄，质地不佳，颜料发生了流溢，即便如此，却仍能清楚看出马驹身上的中国风格。底下那对马驹身体短粗，头很大，耳朵短，是蒙古马。上面那一对身上有斑点，大腹便便，代表的明显是另外一种马，但由于马头已缺失，其种类已无法辨认。织物底部还有一对与前两对上下颠倒的马，说明图案是颠倒着重复的。敦煌南面与吐蕃游牧部族相邻，东面、北面与突厥部族相邻，在敦煌刻印马的图案，能够迎合本地市场上

图 147　丝绸织物图案示意图

许多顾客的要求。直到今天，敦煌仍是一个大集散地，为蒙古和西藏游牧部落提供商品（藏族部落就放牧于柴达木高原上）。

印花绸（图124）给我们提供了一个中国工匠改造西方图案的很好例子。这件印花绸被两幅幢幡用作顶饰。它的图案是重复的圆形大团花，团花外环绕着由大团叶子构成的复杂的菱形，菱形几乎把团花之间的空地都填满了。团花有两重边，外边一重装饰着椭圆形联珠，里边一重装饰着四叶饰，这些生硬的装饰物是萨珊风格。但团花之内的图案则无疑是中国风格：中间是一朵比较模式化的花，绕着花是四对逼真的鹅。团花外繁复的叶子和花也是中国风格。丝绸质量上乘，做工细致，表明此绸可能产自中国本土。其中精细的花绸吊带也一定来自中国内地，它的图案很小，圆形团花中有一对相对而立的鸭，团花之间的空地上和团花相连的地方是花朵。此图案的整体布局是波斯风格，但其至为精细的做工和风格上的某些细节表明，丝绸产自中国。它不仅在编织方法上与我们的第一组萨珊织物完全不同，而且团花连在一起，没有阶梯状的轮廓线。但值得注意的是，在西方的萨珊风格织物及其模仿品中，连在一起的团花是十分常见。

下面要说的这件花绸图案很奇特，令人十分困惑不解。这件花绸是一件三角形织物（图148），它是由两块织物缝成的，可能本是某幅幢幡的顶饰。它织的是成排的扁平拱形，拱形由立柱支撑着，立柱又是立在下一排拱形的拱顶上。由此围成的空间中是两对动物，一对在另一对之上，两对动物或是一对双足飞龙和

图 148　刺绣和花绸

图 149　花绸残片

图 150　花绸残片

一对半狮半鹫兽，或是一对双足飞龙和一对狮子，每对动物都隔着立柱相对而立。立柱把空间纵向分开，两端分叉，形成横贯织物表面的网格。动物形象既富于想象力，又充满活力，它们完全是中国风格。还有一些细节不应忽略，如拱形上装饰的旋涡饰很像模式化的中国式云朵。乍看之下，对兽的布局似乎使人想起某些萨珊风格的图案，但大量事实又告诉我们，这并不是一个萨珊图案。动物的形状和建筑般的花纹，不可能是从波斯图案中生硬的圆形和椭圆形演变而来。但从另一方面来讲，这件花绸中动物及装饰性细节的整体处理方式，与从敦煌古长城发现的两块花绸残片有某种关联，这种关联很难说清，但又明显存在（图149、150）。后者的图案中，织有奇怪的龙和凤，边上织着云朵。只需将图147与它们比较一下，读者就会明白我的意思。此外，这三件织物的编织方法也完全相同，都是经线罗纹法的一种变体，这种织法在千佛洞其他织物中还没有出现过。它们所用的色彩也都很有限，一种颜色是底，再用一种织图案。

只是由于后来又新发现了大量中国早期织物，以及安德鲁斯先生对这些织物进行的初步研究，我们才有可能解开这个谜。是安德鲁斯先生第一个使我注意到这样一个事实：1914年我在楼兰汉墓中发现了许多中国早期文物，其中包括花绸，某些花绸的图案一方面与上文说的残片很接近，另一方面又预示着我们所说的萨珊风格的某些特征。尤其是在汉墓花绸中，对兽图案作为装饰性织物的一种布局，其地位已经完全确立。在安德鲁斯先生看来，

图148这件千佛洞独一无二的织物图，其图案保留或继承了楼兰花绸所代表的那种中国早期装饰性织物的风格。

在此我无法提供什么证据，因此，虽然我接受了安德鲁斯先生的观点，但我明白，有很多东西尚有待于证明。即便如此，我也要利用现在这个机会来指出，楼兰古墓发现的织物，有可能对与东方古代纺织艺术有关的其他更重要的问题提供启示。这些花绸完全产自中国，也纯粹是中国风格，在工艺和艺术趣味上都相当完美。它们明白无误地证明了中国早期纺织艺术对西方所产生的强大影响。大量历史记载告诉我们，在帕提亚时代的整个伊朗地区，把丝绸从遥远的丝国中国运来，再出口到地中海地区，这种贸易在商业上甚至在政治上都十分重要。我们知道，不仅中国的生丝，而且中国的织物都被运到叙利亚以西的地方，在那里打开，并织上西方的图案。在罗布泊沙漠遗址中，我就发现了通过这种贸易从中国运来的花绸。考古学证据表明，它们的年代在公元1世纪，而且恰恰保存在丝绸之路沿线——自从公元前2世纪中国向西方出口丝绸起，丝绸贸易就是沿着这条路进行的。

在这些汉代丝绸中，有不少图案清楚地预示着萨珊时期在伊朗及其临近地区流行的那种典型的装饰艺术风格。研究一下它们我们就会强烈地感觉到，从公元前1世纪起，包括纺织艺术在内的波斯艺术必定从这里吸取了很多新鲜的灵感。最近的研究工作已清楚地证明，汉以后各时期的中国艺术对波斯的绘画和制陶业都产生了极大影响，这也可以为我们的判断提供佐证。此外我无法追寻远东古代艺术向西方渗透的轨迹，但有一点可以确定：便于携带又易于保存的中国古代丝绸是远东艺术向西传播的最佳载体。当我在那荒凉的楼兰遗址发现这些汉代丝绸时，我的第一印象就是，"它们会为纺织艺术史揭开诱人的新篇章"。但这个问题我说的已经不少了，就到此为止吧。

第四节　藏经洞中发现的婆罗米文和汉文写卷

前面我已说过，我第一次发现它们时藏经洞中的写卷处于何种境况，我又是通过什么办法获得了这个大宝藏中的相当一部分。花了多年的时间，这为数众多的新资料才被全部整理完，才可供语言学和其他方面的研究之用。我一回到英国，就求助于最博学的专家对它们进行初步分析和研究。这些研究虽然已经结束，但由于本书篇幅和我的能力所限，在此我不可能对这些研究的成果进行系统描述。但我似乎首先应该简单说一下，人们对这些用不同字体、不同语言写成的文书最初是如何研究和编目的，然后再依据专家们的初步研究成果，简要看一下文书的种类。尽管我的概述必定是仓促而不完善的，但它却有历史学上的价值，因为它进一步说明，由于敦煌特殊的地理位置，从汉代以来，不同地区、不同种族、不同信仰的各种影响都交汇在这里。

下面我们就从婆罗米文开始对写卷作一番简述。之所以先说

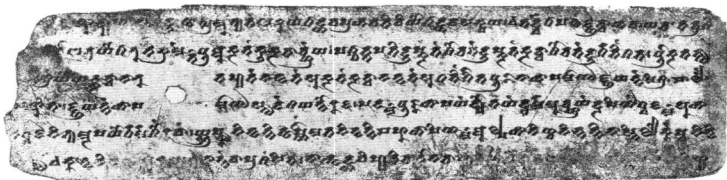

图 151　手抄梵文《自说经》

图 152　棕榈叶形写卷《般若波罗蜜多经》

图 153　梵文棕榈叶形写卷《大乘经》

婆罗米文写卷，除了它们在语言学上的价值，还因为只有婆罗米文写卷已由霍恩雷博士完成了编目工作——自从印度学学者们开始对中亚进行研究以来，他对许多婆罗米文写卷都倾注了同样的耐心。看一下他的分类目录就会知道，婆罗米文写卷中有三种语言：梵文、和田语、龟兹文。从外在形式上来讲，写卷分成卷子形和贝叶经形。三种语言所写的内容一律与佛教有关。

先来看梵文写卷。应该注意的是，关于我的藏品中的梵文部分，瓦莱·普桑教授撰写了一系列文章，贝叶经形写卷（共9件）均已载于他的文章中，或已由他释读了出来。其中不仅有摘自各种大乘佛典的文字，还有一些贝叶经形写卷抄的是法护的《自说经》（图151）及摩特色塔的著作，这几件写卷都是用笈多斜体写，而在出自敦煌本地的写卷中则没有这种字体，这表明这些写卷很可能来自中亚。大棕榈叶形写卷（图152）来自印度，共64页，抄有《般若波罗蜜多经》的三分之一。棕榈叶形的一页写卷（图153）也来自印度，是一个大开本的《大乘经》中的一页。两件写卷都是用笈多正体所写，可能是从尼泊尔经西藏传到敦煌。

在梵文卷子中，另外两个卷子特别值得注意。前者抄的是一部分《青头观音自在菩萨心陀罗尼经》，行与行之间夹杂着该经的粟特文版本。自从瓦莱·普桑和戈蒂奥出版了这个双语写卷之后，西尔文·烈维先生就认为，有大量理由证明该写卷的年代在公元650—750年之间。第二个卷子是用梵文写的不长的一段《般若波罗蜜多经》，隔一列有一行汉文音译，其梵文和汉文音译都与日本合留吉庙中的公元6世纪写卷很接近。一些汉文卷子的背面用不规范的梵文写着各种佛经，加上所用的是笈多斜体，都说明梵文是本地人抄的。大卷子长70多英尺，其中大部分也是当地人抄的不规范的梵文，是用笈多正体抄的，剩下的部分是用和田语和笈多斜体写的（图32）。

但为数多得多的卷子和贝叶经形写卷用的是另一种语言。在研究的最初阶段，这种语言曾分别被称作"2号未知语言""北雅利安语""东伊朗语"。现在，根据斯滕·科诺教授和研究这种语言的先驱霍恩雷博士的看法，这一语言应被称作和田语。在我所获的千佛洞写卷中，有14件贝叶经形写卷、31个卷子（有的完整，有的残缺）用的是这种语言。在和田语卷子中，纸的一面几乎一律写着汉文，汉文的内容与另一面的婆罗米文毫无关系。笈多正体和笈多斜体都出现在和田语写卷中。其中最引人注意的可能就是两件完整的贝叶经形写卷，分别写的是《观无量寿佛经》（图154）和《金刚经》。二者都是对著名的梵文原文的直译，这第一次使得霍恩雷先生有办法系统地释读和田语写卷中的相关段落，也使斯滕·科诺教授能够考订这些和田语佛经。其他贝叶经形的和田语写卷，其中值得一提的有：图155和图26（二者内容都很多，分别有65页和71页，都是从梵文医药书籍中翻译或摘抄出来的），图156是一部共39页的完整的佛经，但迄今尚不知道是什么经。

和田语长卷子几乎全是用笈多斜体写的，其中有佛经（有的相当长）、文书，甚至还有药方（图157）。它们数量不多，而且

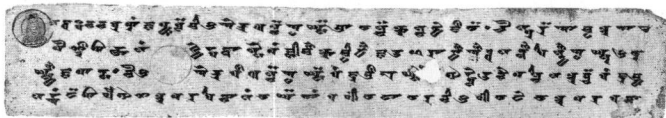

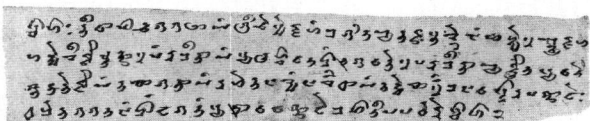

图 154　和田文菩提写卷

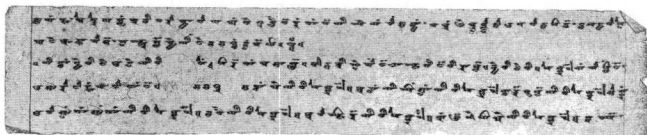

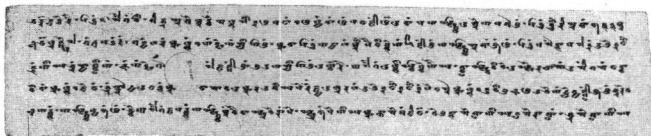

图 155　和田文菩提写卷

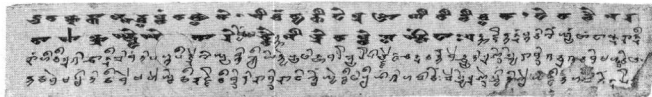

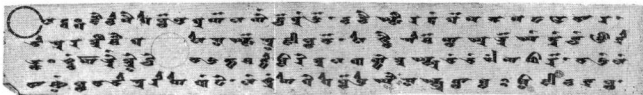

图 156　和田文菩提写卷

图 157　和田文写卷

都是写在旧汉文卷子背面的空白处，这说明它们是由本地人写的。由此可以判断出，在敦煌住着一些僧人，他们熟知和田地区以及塔里木盆地南部其他地区所使用的语言和字体，而且有不少迹象表明，这些和田语文书的年代似乎比较晚。[1] 卷子中除笈多斜体字外，还有大量字母表和音节表，这说明当地有些人在研究和田语。霍恩雷博士指出，笈多斜体字一般写得极为潦草，如此一来，这些字母表和音节表对确定古文书的内容就很有价值了（图158）。

千佛洞婆罗米文写卷中不只有梵语和和田语。有两件贝叶经形写卷中有3页用的是一种新发现的印欧语言，最初它被称作1号语言，后来又被称为突厥语。终于，西尔文·烈维先生巧妙而令人信服地证实，这一语言主要流行于库车地区，所以可以被称作龟兹语。在我的请求下，烈维先生研究了这两件写卷（它们都是用笈多斜体写的），并辨认出，一件是医药学方面的，另一件是与《自说经》有关的一首佛教诗篇。此后，他和米耶先生就龟兹语的语法形式写了一篇文章，其中引用了这两件写卷。从千佛洞石室中发现的龟兹语文书只有这几页，而和田语卷子却很多，这种比例失调现象的确引人注目。但除了烈维先生所指出的3页双

1　千佛洞卷子与我在丹丹乌里克、喀达里克、麻扎塔格（直到公元8世纪末期或再晚些时候，这些地方均有人居住）发现的和田语写卷在字体和语言上都很相似。另一方面，伯希和教授从中国古文字学的角度也认为，他从千佛洞带走的数量众多的东伊朗语（或称和田语）写卷年代较晚，当在公元8世纪到10世纪之间。

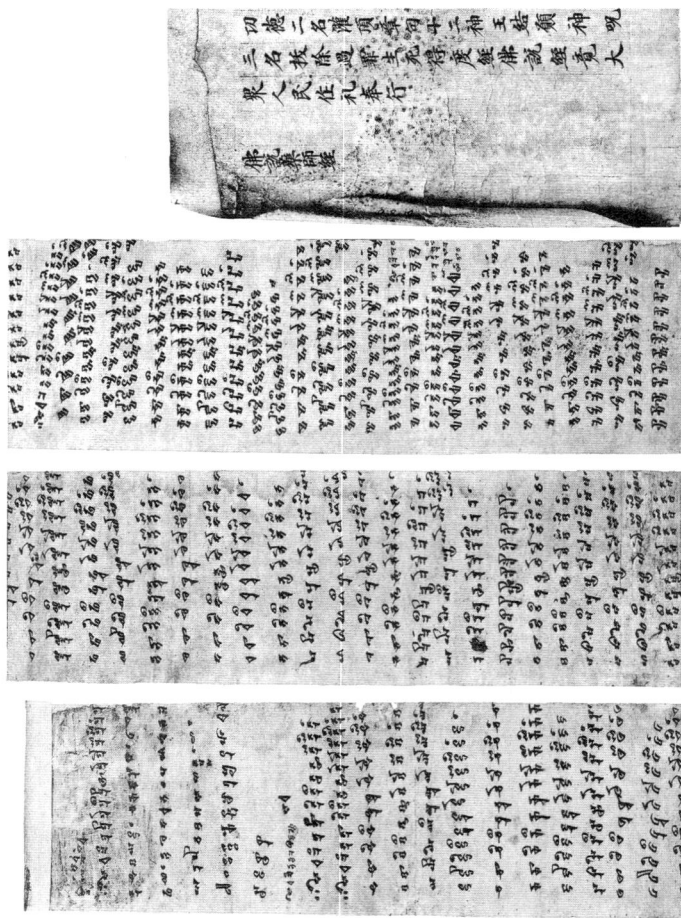

图158　笈多斜体字体音节及正面的汉字写卷

语（龟兹语和梵语）医药文书，我们尚不知道伯希和先生所获的包裹中有什么龟兹语资料（这些包裹是我去千佛洞时没有仔细看或未能拿走的）。在得知这一确切信息之前，我们还不能匆忙地下什么结论。但似乎在藏经洞封起来之前的几百年里，敦煌与塔克拉玛干南部信佛教的地区的联系，要比从吐鲁番到库车的北部绿洲更密切。

前面说过，虽然我缺乏汉学知识，但从一开始我就意识到了那些为数很多的汉文写卷的重要性——它们构成了藏经洞宝藏的主体。在蒋师爷的帮助下，我注意到了当地各种文书以及年代较早的破碎写卷（多见于内容驳杂的包裹中）的文物价值。我尤其注意拣取后者，后来证明，我的做法是正确的，因为在后者中，具有历史价值或语言学价值的文书比例要远远高于捆扎紧密的包裹（这些包裹中大部分是保存很好的佛教经典）。除这些单独拣取的文书外，我还运走了270多个包裹的卷子。这些卷子的数量太大了，以至于当1908年7月我终于有时间让蒋师爷把它们整理一下的时候，由于我几个星期后就要动身去和田，蒋师爷只来得及简略地开列了三分之一卷子的目录。即便如此，这个目录也很有用，因为它表明，有的写卷文末题识中所记的年代是公元5世纪，而有的写卷可能要更早。

我把千佛洞的这些汉文写卷安全运抵大英博物馆后，它们装满了足足24个箱子，但当时我未能对它们进行任何研究。令我欣慰的是，1910年初夏，伯希和教授来到伦敦，在几周的时间里，他付出了不懈的劳动，大致翻阅了这些写卷。由于他是汉学家，此前还曾亲临千佛洞石室，凭着这样的学识和独特经历，他很快对这些资料的性质和价值做出了一个估计——尽管它们的数量是如此之多。在我的请求下，他把他的研究成果总结在了一个备忘录中交给了我——这个备忘录虽短却极有启发性。他还表示，在特定的条件下，他愿意为我们的敦煌汉文写卷制定一个系统的目录。对此我深为感激，因为，伯希和教授是最适合这一任务的人选，有了他的帮助，我们藏品中的这一重要部分不久就完全可以供学者们研究了。这一建议还得到了印度司和大英博物馆理事会的许可——我带回的所有汉文写卷最终将属于它们。

1910年秋，第一批写卷及时运抵巴黎，供伯希和教授编目。但由于个人原因及其他研究工作的压力，直到1914年夏，编目工作仍未完成。这时，第一次世界大战爆发了，伯希和教授加入了法国军队。由于身负其他任务，他已不能再继续这项工作，因此，详细的编目工作就由大英博物馆的吉尔斯博士来承担。同时，这部分藏品在日本也引起了相当注意，几个学识渊博的学者（如1912—1913年的贺名生教授和塔吉先生、1916年的矢吹先生）花了大量时间和劳动研究了某些写卷，尤其是与佛教造像等问题有关的写卷。

在数以千计的写卷中，目前只有两件出版过，它们虽然较短，在历史学和地理学上却很有价值。二者的校订和翻译（并附有重要的注）都要归功于大英博物馆的吉尔斯博士。第一件是《敦煌

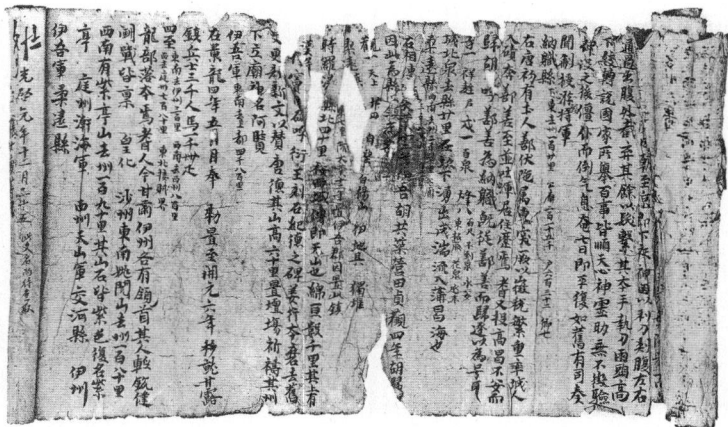

图 159 汉文写卷拓片

录》，是唐朝末年关于敦煌地区逸闻趣事的一本小书。它提供的地理上的一些信息很有用，上文我们曾多次提到它。另一件是公元416年敦煌进行的一次官方人口普查的部分记录。它是一小卷纸，其背面在唐朝或唐朝以后被用来书写佛经。它充分说明，在内容驳杂的包裹里所获的大量纸张中，我们会取得意想不到的收获。另一件更大的文书写于公元886年（图159），其中包括一些关于中亚地理情况的笔记，伯希和教授曾撰写过一篇关于罗布地区早期粟特人聚居区的文章，其中就引用了这件文书中的一些段落。

这两件出版的文书颇令人满意，但也使我更加迫切地希望，英国和其他地方能更多地鼓励和扩大对远东的研究，以便培养出更多的汉学家，使他们受到充分的专门训练，从而能有效地利用这些宝贵的新资料。我们终将发现，我从千佛洞石室中所获的文字文物中这些资料不仅是数量最多的，而且也是价值最大的。同时，我很高兴能从上文所说伯希和教授给我的备忘录中节选出一部分，由此可以看出，这位学识渊博的学者对我们的千佛洞汉文写卷的内容和价值有何评价：

从编目的角度来讲，斯坦因博士从敦煌所获的汉文写卷可分成两类：第一类是完整或相当完整的卷子，约3 000件；第二类是残片，有5 000~6 000件。

我要尝试着分类的只能是第一类。大多数完整的写卷是佛经，它们自然十分珍贵，因为它们比现有的中文和日文版本都要古老，对这些版本细节部分的研究会有所帮助，但总的来讲，它们不能马上给我们提供太多可资利用的新信息。这样的新信息则多见于那些与当地的各种活动有关的文书中（官方文书、账目等），这些文书经常标有日期，而在发现敦煌宝藏之前，这类文书资料我们可以说是一件也没有的。

最后，在残片中最常见的世俗文学、历史、地理、词汇学等方面的内容，对于汉学的发展具有极高的价值。

总之，对这些文书的编目要想有用，对那些题目尚不能确定的文书就应该尽可能指出其内容的性质。应该利用所有的文末题识，在没有题识的时候，也应该估计出写卷的大致年代。因此，要想完成所有写卷的编目工作，肯定需要一年时间。

伯希和教授和吉尔斯博士提供给我的为有代表性的汉文写卷撰写的笔记，可以说明千佛洞写卷的内容是何等丰富。这些写卷是在这两位学者的帮助下精选出来的，它们或是有明确的纪年，或是在古文字学或内容上有特色，或是因为其他的原因而引人注目。我还要说一下，为使我的部分藏品于1914年展出，吉尔斯博士选取了更多的写卷并为它们撰写了说明性文字。

最后我要专门提一下完整的雕版印刷长卷，它有16英尺长，印的是汉文《金刚经》，我们上已说过它开头处用雕版印刷的版画（图41）。根据其题识中的信息，这个经卷是王玠于咸通九年四月十五日（相当于公元868年5月1日）印的。如果不算符咒的话，它是迄今所知的最早的印刷品。

第五节　藏文、粟特文、突厥文写卷

下面似乎应该说的是藏文写卷，其数量仅次于汉文写卷。最初放在藏经洞中时，它们结结实实地装了30多个包裹，在内容驳杂的包裹中还有很多极为混乱的贝叶经形写卷（图160）。单独的

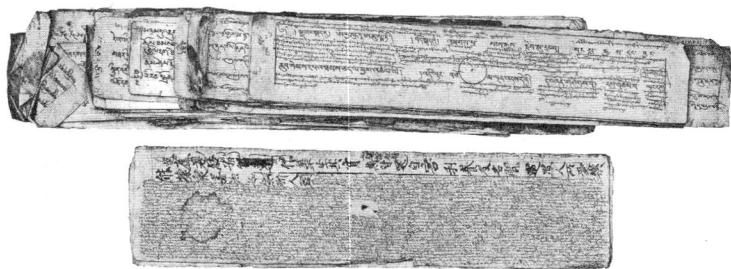

图 160　藏文菩提写本及成卷的佛经

藏文贝叶经形写卷、卷子和其他写卷的数量估计有约800件。[1] 我不懂藏文，所以无法进行系统的选择，但出于我上文说过的那种考虑，我首先保证拣取内容驳杂的包裹中的所有藏文卷子。从字体上即可看出，大多数藏文写卷中很可能都是藏传佛教典籍和其他宗教书籍。托马斯博士和在他指导下的里德·丁小姐对这些写卷进行的初步研究证实了我的猜想。当时，很多团成一团的大纸也引起了我的怀疑——许多包裹与它们紧紧系在一起，我不得不将它们一并拿走（图24）。事实证明，我的怀疑也完全正确。这些

1　大量内容完全相同的写卷不算在内。

大纸只是抄了几乎无数遍的《般若波罗蜜多经》等经文，它们只有助于说明一个事实：自从西藏皈依了佛教开始，藏族人就酷爱反复重抄佛经中的某些段落或某些祈祷文，认为这种半机械化的方式能增进人的阴功。

由于1910年作出的一个决定，来自千佛洞的藏文写卷全部交付印度司图书馆最后保存，托马斯博士作为那里的图书馆馆员，负责安排这些写卷的系统编目工作。开始是由里德·丁小姐承担这一任务，1914年后担子则主要落在了瓦莱·普桑教授的肩上。据我所知，这一工作已告一段落，目录可能不久就会面世。在该目录很有价值的引言中，瓦莱·普桑先生概述了他们的主要成果。同时，托马斯博士还就一些写卷撰写了笔记，并将笔记交给了我，对此我深表感激。

可以假定的是，千佛洞藏文写卷的大部分（甚至全部）都写于敦煌受吐蕃控制的时期，即从公元8世纪中叶到9世纪中叶。尽管多数写卷的内容都出自藏文佛教典籍因而已被人们所熟知，但它们相对较早的年代仍促使我们指望，当将来人们对浩如烟海的藏文佛教典籍进行文本上的研究时，这些写卷能成为有用的资料。一旦这些写卷整理完毕，将它们与来自喀达里克、安迪尔、米兰要塞的藏文佛经残件相比较，定会得出有益的结论。

另一个研究方向也有可能得出有用的成果。卷轴状的藏文写卷所用的纸张一般与公元9—10世纪汉文写卷中质量较次的纸张类似，而许多贝叶经形写卷中的纸似乎质地与此不同，质量也好些，令人想起用一种桂树的纤维做的纸——尼泊尔至今仍出产这种纸，而其最早是我在安迪尔一件写卷中发现。如果用显微镜分析了这些纸和其制浆方法后能证实我的猜测，那么就可用纸张为标准来区分本地写卷和出自西藏的写卷。

藏文写卷中多见的贝叶经形状是直接从印度学来的，同样，卷轴形状的写卷则很可能是模仿汉文卷轴。千佛洞藏文写卷中，还有不少是把纸张像雕版印刷的汉文书籍一样折叠成波浪形[1]，像又长又窄的小书，这很可能也是从中国借鉴来的。中国人可能最初用这种方式把早期用来写字的竹简或木简装订成书一般的形状，后来这一方法被用在了纸张上。

从地理上看，有一个事实能证明在敦煌曾存在过多种佛教支派：在千佛洞中还出现了用古代粟特语写的写卷（其行书字体本是起源于西亚的阿拉米语）。我所获的千佛洞粟特语写卷有10多件，大多数是卷轴型或卷轴的残片，但也有一些是贝叶经形。自从1910年在罗斯爵士的帮助下我首次认识到这些粟特文写卷的特别之处，我便急于让穆勒教授来研究它们——是他在格伦威德尔教授从吐鲁番带回来的佛教、摩尼教、基督教写卷残件中，第一次发现了粟特文。我让人带给他一些粟特文写卷的照片，他从中

1　瓦莱·普桑教授的一个注第一次引起了我对这些藏文小书的注意，他用一个形象的词"六角手风琴"来描述它们。千佛洞汉文写卷中也有这种小书的形式。

判断出了两件写卷的内容，一件是大卷子，是一篇佛教论文；另一件是《观世音菩萨如意摩尼陀罗尼经》的第五、六章（中国《大藏经》中有这部经公元695—700年的一个版本）。1910年末，他把这些最初成果告诉了我。

后来我指望这位杰出的专家能给我提供一份粟特文写卷的概述，并希望最终能将上述这两件写卷全部出版。但由于其他任务的压力，这些愿望都没有实现。于是，我在1913年与戈蒂奥先生取得了联系——此时，由于成功地研究了伯希和教授所获的写卷，他已奠定了在粟特文和其他关于伊朗东部的研究领域里的权威地位。1912年，他已经利用我们的藏品中用粟特文书写的5页须大拏本生故事[1]（图161），来校订和翻译了伯希和先生所获的性质相同但内容更完整的写卷。同年，他与瓦莱·普桑教授合作，出版了Ch.0092号《青头观音自在菩萨心陀罗尼经》——这个写卷用梵文写成，行与行之间有粟特文音译。我一心希望这位博学而孜孜不倦的学者也能澄清我们其他写卷的内容（它们几乎全与佛教有关），但由于战争爆发，我的计划遇到了挫折，而戈蒂奥先生1916年的不幸逝世更使我的希望全部破灭了。

戈蒂奥先生对千佛洞粟特文写卷的研究极有成果，他逝世后，我真无法预测，什么时候、在哪里又能有一位学者能继续他未竟的工作。在此我只想指出一个具有明显的文物价值的事实，那就

1　这种写在唐朝优质黄纸上的大贝叶经形写卷。

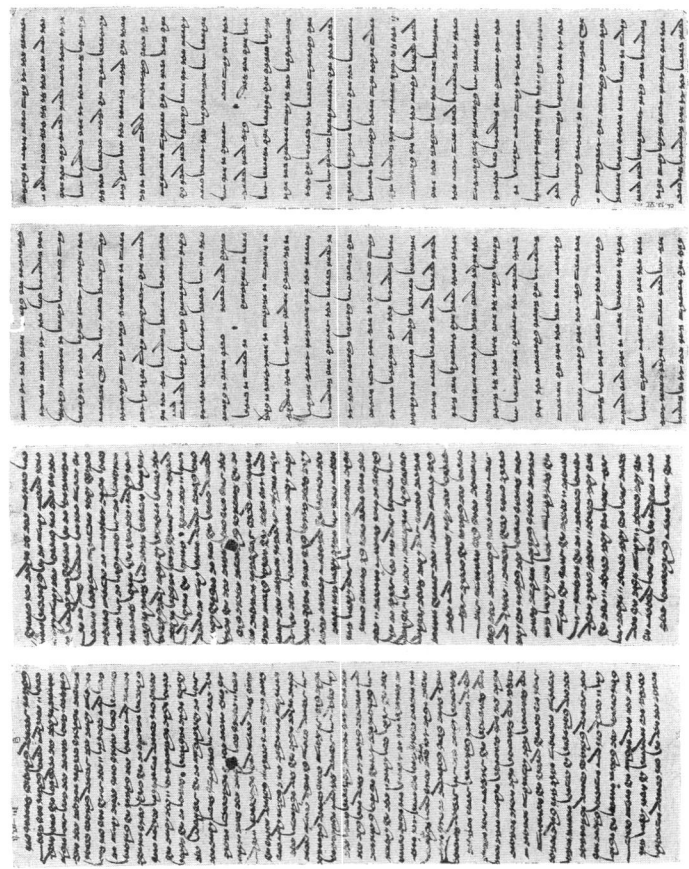

图 161　粟特文写卷

是：粟特文写卷的纸张和其外部特征极像千佛洞的唐朝汉文写卷，让人觉得它们有可能出自敦煌或其邻近地区。这一猜测与伯希和先生的结论也是吻合的——他发现，千佛洞写卷中有的提到罗布地区的粟特人聚居区，可能罗布以东也有粟特人聚居区。还有一点特别值得注意：穆勒先生1910年秋告知我，有确凿证据表明，大卷子中的粟特文佛经要么是从汉文版本翻译过去的，要么也至少利用了汉文资料。

下面我们要说的写卷虽然字体不同，但都是用突厥语写成。令人欣慰的是，在一些杰出专家的努力下，内容和字体最引人注目的突厥语写卷（它们也极有可能是年代最早的）均已出版，并得到了充分研究。其中最重要的当属用突厥如尼字体写的写卷（这种字体首先是在鄂尔浑河地区和叶尼塞的题识中发现），这不仅是因为它们自身在语言学上的价值，而且使我深感荣幸的是，汤姆森教授这位如尼字体著名的破译者将它们整理出版。如尼字体写卷为数不多，但用汤姆森教授的话来说，其中有一些"是迄今为止发现的突厥如尼字体写卷中最引人注目、内容最丰富、保存最完好的"。

有一本小书用唐朝优质纸张做成，共58页，书法优美，内容完整，文末有题识（图35）。它保存得完好无损，甚至书脊上把各页粘在一起的胶都没有脱落。汤姆森教授的译文和评论告诉我们，书中有65个小故事，其用意是为了占卜（该书自称 ürq-bitig，即算卦书）。这本书有重大的语言学价值。这不仅因为"它所含的词汇十分丰富"，还因为书的内容表明，此书并非译自其他语言——而迄今为止发现的用如尼字体写的早期突厥文残卷则大部分（甚至全部）都是译作。汤姆森教授认为，无论是其外部还是内部证据都表明，这是一本摩尼教书籍。书的正文和按语都写得极为工整，也使人产生上述印象。文末的日期究竟是何年尚不能完全确定，但汤姆森教授倾向于认为，此写卷的年代大致为公元9世纪初。题识中说了两个学生（他们都是摩尼教徒）"逗留在泰古恩坦的住所（或大学？）"，这一地点是何处仍有待于确认。

另外三个残件属于一篇论文，论述的是宗教或道德问题，这个写卷的内容和字体也很有文字学上的价值（图36）。而另一幅完整的写卷则与它们全然不同。这件写卷写得很清楚，但书写者不是很熟练（图162）。其作者可能是一个军官，"尊姓大名为巴哈托尔吉斯，用愤慨的语言说出他的不满"，因为军粮官对某位长官及其下属的"三十个尊贵的人"作出了某项安排。无论在措辞还是书写上，这件小文书都给人一种新鲜、真实的感觉——当时，敦煌绿洲上的中国人经常遭到来自北方和东北方的突厥部落的侵扰。

有一件突厥文写卷十分有价值，其内容在我的藏品中独一无二，这就是超过14英尺长的完整卷子（图163）。它用爱斯坦格罗的摩尼教变体写成，共338行，含有《摩尼教徒忏悔词》的大部分。杰出的突厥学专家勒柯克首先辨认出了这篇清晰、优美的写卷的内容，并在我的请求下将其全文出版，还附了译文和注释。《摩尼

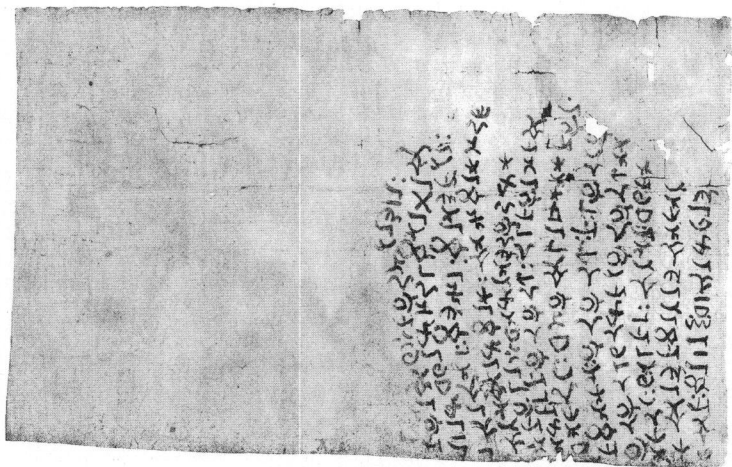

图 162　突厥如尼文写本残片

教徒忏悔词》共15条，我们的写卷中只缺最开始的两条，勒柯克教授用目前存于柏林的吐鲁番文书补足了这两条中的大部分。此前，《摩尼教徒忏悔词》只在一件用难懂的回鹘文写的吐鲁番文书中出现过。

在吐鲁番发现的文物表明，佛教和摩尼教曾在那里安然无事地共存过，因为当地的居民较早就受到了突厥人的控制，也较早接受了突厥族的影响。考虑到敦煌与甘肃北部和西部的回鹘是何等之近，千佛洞数以千计的佛教写卷中出现一件摩尼教文书就不

图 163　摩尼教徒忏悔词

足为奇了。从敦煌以西、以北的中亚地区迁来的居民很可能有信奉摩尼教的，正如今天的敦煌尽管完全是一个中国城市，但也有少数来自吐鲁番、若羌等西部绿洲的回教商人、搬运工等定居在这里。无疑，唐朝时期，摩尼教信仰在中国本土的某些地方已经站稳了脚跟。从零散的迹象上人们早已怀疑到这一点。现在，千佛洞发现的汉文摩尼教资料更明确地证明了这个猜测。伯希和教授在千佛洞石室中就发现，有一件汉文写卷残件中陈述的是摩尼教的观点。后来在运往北平的藏经洞资料中，发现了一篇用汉文写的摩尼教著作，这件写卷首次由罗振玉先生出版，后来由沙畹和伯希和先生译过来并加了注释。我所获的文物在这方面也不逊色。有一件保存完好的汉文卷子，从外观上看像是部佛经，但矢吹先生1916年发现，这是一篇相当重要的摩尼教论文。

现在我简要说一下其他突厥语和回鹘文写卷。1909年丹尼森·罗斯博士表示，他非常愿意研究这些资料。1910—1913年间，他不懈地研究了某些写卷，下文这些信息都来自他在此期间交给我的笔记。我们的回鹘文资料一部分是写在卷轴上的文书（卷轴大多数残缺不全，正面常写着汉文），另一部分是手抄的书籍（图33）。关于卷轴上的资料，我目前只能说，它们从内容上来讲，不是文件就是佛教典籍。另一幅大卷轴值得注意，它背面有几个用突厥如尼字体写的字，表明其年代较早。装订成书的写卷保存得都很好。罗斯博士辨认出，第一本书是对安慧的评论（而后者又对世亲所写的《俱舍论》进行过评论，《俱舍论》是关于佛教哲学的经典论文），整本书都是从汉文版本翻译过来的。这一著作的另一部分见于一本小书中，两本书加起来有250多页。在史特希巴茨克伊教授的协助下，罗斯教授在加尔哥答对该书的校订做了大量工作，并希望亲自出版这本书。这本小书比较混杂。在上述写卷中，回鹘文的字里行间经常夹杂着汉文术语。

这些书的字体很像蒙古文，加上书的纸张很薄，与千佛洞其他写卷都不相同，于是我们一开始就觉得，它们可能年代较晚。这一问题是罗斯博士1912年研究另一本书时第一个明确地提出的。他认为，题识中的日期相当于公元1350年，如此看来，回鹘文写卷可能年代较晚，但这与大量考古学证据证明的石室的封闭时间不符。我认为，这些结构和字体都与藏品中其他回鹘文写卷大不相同的书，本来并不是放在石室之中的，而是王道士在清理足有0.5英里远以北的小石窟时得到的。那些小石窟无疑是在元朝时开凿。在其中两个尚无人动过的小窟中，伯希和教授发现了公元13—14世纪的写卷和印刷品残件。我在结尾还要添上一句：我在藏经洞中发现，卷轴一般都深埋在普通包裹中，而这些回鹘文书籍则是摊开着放在内容驳杂、堆放松散的包裹顶上。

第六节　千佛洞石窟的装饰艺术

在藏经洞的工作结束后，我才有机会转移注意力，比较仔细地看一下其他石窟和它们的壁画。既然我描述的是千佛洞和从那里带走的文物，最后理应讲一下千佛洞石窟。

前面我已说过千佛洞的位置和它为数众多的石窟，这就可以解释为什么我根本无法细致地考察这上百座石窟。我还计划夏天到南山地区进行地理考察，现在所剩的时间已经不多了。除此之外，我还意识到，要想完成这样一个艰巨任务，既需要专门的知识，也需要技术上的支持，而这些我都不具备。我没有汉学背景，对中国的佛教造像也不太熟悉，所以我无法说清这么多壁画的内容，更无法找到什么线索来确定壁画和石窟的年代顺序。同时，遗憾的是，我还缺乏技术上的经验，也没有训练有素的助手，所以，短时间内不能拍下所有比较重要的壁画和雕塑的照片，也没办法到山崖上面的那些洞窟去——要想去那里，必须有专门的安全措施才行。[1]

1　我在千佛洞期间，向导和奈克·拉姆·辛格都在生病。凭经验我悲哀地看出，后者表现出的是一种致命病症的先期症状，他一年后因此丧失了视力，并最终被这种病夺去了生命。

出于上述原因，我只能将目光局限于几个布局和装饰比较有代表性的洞窟，但即便在这些洞窟中，我也遇到了特殊的困难。由于洞窟中采光很差，只有在早晨的几个小时光线才能照到窟中的某些壁画上。即使在那时候，我的工作也经常受到严重影响，因为当此时节，戈壁上经常会从北方或东北方刮来狂风，弄得尘沙四起。因此，我耗费了大量时间和精力才拍下一些照片。下文描述石窟壁画布局时，主要依赖的就是这些照片资料。

我很明白，这些照片（其中一部分见图6～16）本身并不能完全代表千佛洞石窟的佛教绘画艺术的各方面。比如说，它们完全不能表达石窟壁画的色彩效果，而那些比较古老的壁画中，色彩常常和谐而精美，构成它们的主要魅力之一。幸好我知道，除了用蛋彩画的壁画，这些精美的壁画一般不会受到破坏——破坏行为中既包括对文物的肆意践踏，也包括别的地方为了收藏者或博物馆的利益而进行的那种开发，后一种情况性质同样恶劣。[1]但使我感到欣慰的是，由专家到现场对它们进行认真研究，这一前景

1　当地人的敬神和迷信会使这些壁画少遭些破坏。此外还有一个重要事实：由于窟的石墙上都嵌有小石粒，蛋彩壁画底下先涂的一层胶又特别结实，所以几乎不可能把壁画剥下来。我在吐鲁番和其他新疆遗址曾轻而易举地剥下了几幅壁画，在千佛洞能剥下的却只是一些破碎的、涂了颜色的胶。我第二次去那里时目睹了将壁画剥下是何等困难，也欣慰于这给壁画提供的保护。我发现，石窟Ch.VIII过道西墙庄重的壁画中，佛坐的车旁边有一个飞翔的随从，他的头部1907年还是完好的，现在头周围却有一圈宽宽的凿痕，显然是后来的某个人想要把他的头剥去，但没有成功。

应该已为时不远。在这一点上，我很快就如愿以偿，这使我感到十分高兴。我离开那里不到一年，伯希和教授就到那里逗留了很长时间。这位博学的汉学家不仅仔细研究了壁画中的献辞、解释性题识、题榜等多种资料（这些资料有的可以澄清壁画的内容，有的有助于确定石窟的大致年代），而且在训练有素的助手的协助下，拍下了大量照片。我第二次去千佛洞是在1914年。这之后几个月，我十分高兴地听说，佛教艺术和造像研究领域的权威之一塞尔格·德·奥尔登堡教授已经决定把敦煌千佛洞作为他一次专门考察的目标——这次考察由俄国科学院资助，考察队中包括了所需的技术人员和艺术方面的行家。

目前看来，伯希和教授与奥尔登堡教授所获资料的出版尚需一段时间，但我想肯定用不了等太久。而且我获悉，他们所获的资料十分丰富，因此，我更应当将我的叙述局限于照片、布局图所能描述清楚的那几个石窟。即便这几个石窟，我也不会泛泛地说它们的特征——那要求我对当地的其他佛寺或别的中国佛教遗址（如云冈石窟或龙门石窟）十分熟悉才行。为方便起见，我给石窟从北向南编了号，并按顺序逐一描述。

藏经洞就位于石窟 Ch.I 之中，因此，我们先来说这个石窟是最合适不过的。从布局图来看，它无疑是现存石窟中最大的一个，但它的壁画远不是最华美的。它的内厅长54英尺，宽46英尺，连着一个宽14英尺的过道。图6中可以看到内厅和过道的北边以及藏经洞的入口。前厅可能本来是在石头中开凿，但已全被王道士毁掉，他用现代的砖木结构代替了这个前厅。雕像台上真人大小的蹩脚泥雕也是他的"杰作"，雕的是一个佛坐在狃立的高底座上，左右各有一个佛弟子、两个菩萨、一个天王。尽管这些雕像很现代，我们有理由认为，它们的底座是古老的，人物的组合方式也是古老的。同样古老的还有大佛像身后华丽的项光和背光（它们是彩绘的泥浮雕），再往上还有一个彩绘的华盖。大佛像身后有个过道，这是千佛洞所有大石窟的共同特征。内厅墙上的装饰极为简朴，主要是穿着不同颜色袍子的坐佛小像，绘在浅蓝绿色背景上（这也是其他石窟内厅的背景色），小佛像的轮廓线肯定也是借助于模版绘制的。小佛像往上是一排饰带，从中楣上垂下来，中楣上绘着华丽的植物。窟顶形如一个被截去顶部的圆锥形，各侧面绘着纺织品上常见的那种植物图案，主要是重复的大花，花之间是模式化的叶子。

过道两侧墙上的装饰要引人注目一些，画的是比真人还大的成队的菩萨，手持供品向内厅走去。每个菩萨头上都有一顶挂着流苏的精美华盖，菩萨之间的空地上则画着优美的莲花。人们特别喜欢用这种方式来装饰大石窟的过道，而且有的石窟中保存得比本窟要好。菩萨服装上的主要颜色是棕、浅蓝或绿色。这种装饰一直延伸到藏经洞入口附近，因此，我想它们可能是在藏经洞封闭之后画的，由此大概可以推断出过道上壁画的大致年代。但我们应当记住一点，画这些壁画的用意是要把藏经洞遮盖起来。而在新添的墙上再画上几百年前的装饰图案，这对当地画家来讲并非难事，因为宋代的画家技艺仍相当高明。

　　Ch.I 向北有一组石窟，开凿在较高的崖上。其中有一个大窟 Ch.II 虽然比较破落，却相当有价值，因为它从未被修复过。此窟有 38 英尺见方，保留着一个放雕像的大平台，但只有中间的坐佛像保存下来一部分，左右的随侍人物则仅存残破不全的莲花座。从图 17 中可以看出，佛像的头已完全缺失，只剩下中间的木骨，手臂大部分也已缺失，但其余部分保存得相当好，衣纹流畅，紫色袍子上有镀过金的痕迹。项光和背光为浅浮雕，都巧妙地设计成两圈，其颜色为紫色上再涂浅绿色。背光的里圈雕着很多个小佛坐在盛开的莲花上，莲花下是优美的花茎。项光和背光边上都是精美的火焰纹，交替为绿色和紫色。佛像下的底座和头上的华盖上所绘的图案也同样舒展而优美。现存的华盖上可以见到云朵图案，云朵周围是形如菊花的大花。这种图案也出现在我们的一些大净土画中。佛两侧画着两个带项光的弟子，笔法大胆，着色精致，右边穿僧袍的那个年老的弟子是迦叶。

　　内厅的墙上曾一度画满了壁画，但受损十分严重，大多数地方的颜料已经剥落或已完全龟裂。但南墙壁画保存得较好，上面的四幅画如今有三幅基本上存留了下来。彩绘墙裙高 6 英尺，画着双手合十的僧侣和尼姑。墙裙之上是极乐世界图，各细节都与我们的西方净土画一致。在图 164 中，我们可以看见一群衣着华丽的神祇，中间是两个平台，平台上画着舞伎和乐师，他们旁边是正在玩耍的婴儿（代表再生的灵魂）。壁画的前景见图 16，画着

图 164　千佛洞 Ch.II 洞窟南墙壁画

很多与主体分离的小场景，都是中国世俗风格。它们无疑与我们的大净土绢画的两侧条幅一样，画的是佛本生故事，题榜中的题识是对故事的解释。绢画和壁画之间在风格和布局上的这些相似性使我觉得，此窟的壁画和雕塑可能是唐代的作品。

　　Ch.II 北面紧接着的是小窟 Ch.II.a，其内厅不足 9 英尺见方。它的壁画很引人注目，可以称为"真正的壁画"，其风格与我所见

图 165　千佛洞 Ch.II.a 洞窟主
室南墙及西南角壁画

图 166　千佛洞 Ch.II.a 主
室南墙壁画局部

到的千佛洞其他壁画大不相同。图165~166中的照片虽然无法传
达出壁画精致的轮廓，更不能表现它们柔淡和谐的色彩，却能比
任何文字都更生动地体现出此窟壁画的特异之处。主要的壁画位
于小内厅的南墙和北墙上，入口开在东墙上，西墙则有一只佛龛，
龛中是后人制作的一组未完成的浮雕。南墙上画的是一个千手观
音（图166），是典型的中国"慈悲观音"风格，头上有一个化佛像。

观音脚下跪着两个带项光的人物，其花袍子边上都镀着金。他们上方又是两个带项光的人物（可能是菩萨），服饰华丽，发型极为复杂。这两个人物上方（即画面的左上角和右上角）各画着一个优美的天女或乾闼婆飘浮在云朵之上（图165），其深红色和绿色的长巾在身后飞扬，表示她们处在迅疾的运动之中。在千佛洞其他壁画中，我都没见过像这面南墙上的天女和其他人物这么自由生动、充满活力的。

北墙与南墙的壁画是配对的，中间也是一个千手观音（图167），但这个观音手持着一只净瓶。观音两侧分别站着一个带项光的人物，右边的那个长有胡须。左下角和右下角还有两个面目狰狞的人物，肌肉发达，动作变形，看起来像金刚。东侧入口和西侧佛龛两边画满了衣饰华丽的人像，其姿势各不相同，但都有项光（在图165中可以看见西南角的人物）。佛龛之内画着两个菩萨，但龛中的主要塑像已经缺失，塑像身后的背景为深红色，画着优美的白色竹叶子。窟顶也是深红色底，画着黑色和白色的花朵和云，工艺十分精巧。这些壁画的风格和出自藏经洞的某些最好的绢画虽然有相通之处，但我却无力进一步探索这种联系，也无法研究一下，这些壁画的风格对应于中国宗教绘画的哪一时期。但有一点是明确无疑的：画这个小窟的艺术家无论是在技术上还是在绘画素养上，都远远高于当地的那些画匠——而我要说的大多数壁画都是出自他们之手。

从 Ch.I 向南走，有一个很深的洞窟 Ch.III，其中有一尊巨大

图 167　千佛洞 Ch.II.a 主室北墙壁画

的泥塑涅槃佛像，佛像前面是一堆山石。过了这个石窟后，我们就来到了一个小窟 Ch.III.a。不算西边正对着入口的佛龛，它有 19 英尺见方。窟中有一尊泥塑坐佛像，右手抬起，施无畏印（图 8），佛两侧各有一个弟子、一个菩萨和一个天王。雕像的底部是古代的作品，头部和大多数人物腰以上的部分则是后人补上去的。佛身后的浅浮雕项光和背光也出自古代，其棕色底上都雕着深绿色叶子，项光边上还镀了金。佛龛顶上画的是佛在一个小树林中说法，周围簇拥着天宫侍者，龛中的壁画已被香火熏黑了。此窟占主导地位的颜色是淡绿和蓝（下面几个小窟也是如此）。窟顶上借助模板绘着粗略的小佛像，两侧墙上大部分地方也是如此。但两侧墙的中心处则画有宽约7英尺的西方净土图。北墙的净土图在布局和风格上很像极乐世界绢画，但底下多了一个舞伎。

另一个小窟 Ch.IV 内厅长 15 英尺 10 英寸，宽 13 英尺 3 英寸，装饰风格与 Ch.III.a 类似：佛龛内是一组泥塑，部分泥塑是古代的作品；两侧的墙上都画着大极乐世界图。北墙的极乐世界图宽8英尺，是典型的阿弥陀佛净土，与我们的一大组绢画类似。把这幅壁画和绢画比较一下就可以看出，两侧小条幅中画的是阿阇世王的传说和韦提希王妃观佛（均取材于《观无量寿佛经》）。另两个石窟 Ch.V、Ch.VI 的基本布局与上面所说的几个类似。在 Ch.IV 中，原来的塑像只剩下了中央佛的莲花座和每侧四个侍者的底座，但值得一提的是，项光火焰边之间的空白处画着精美的云朵，佛龛口两侧还画着优美的莲花。整个内厅墙上的图案和 Ch.I 中的图案一样，也是借助于模版画的成排的坐佛小像，底为浅绿色，佛皮肤为深棕色，衣物为白色。这个石窟和 Ch.VI 中，都绘有华丽的边等饰物，其植物图案很像出自藏经洞的花绸或印花绸的图案。在 Ch.VI 中，两侧墙上画的主要是简化的大净土图，旁边是传说场面。

石窟 Ch.VII 的内厅较大，约38英尺见方。内厅连着一个过道。过道长约 27 英尺，严重影响了内厅的采光。马蹄形的佛龛平台上是三尊垂双腿而坐的大佛像，每尊大佛像都有一对侍者。塑像都很蹩脚，从底部看它们甚至可能是后人造的。塑像后石屏上的装饰可能是对 Ch.II 的拙劣模仿。内厅中的壁画题材和风格都与 Ch.VIII 相似，但在我看来，它们的做工没那么精细，年代也要晚一些。南墙和北墙上有四幅大极乐世界图，图中醒目的文字是对图的解释。大部分墙裙上都画着成队的菩萨，与过道上画的菩萨类似。还有一些小画面已严重退色，画的是佛本生故事。西墙上那幅大画的题材与 Ch.XVI 窟中的西墙一样。过道两侧的墙上画着比真人还大的成队的菩萨，都手持供品，轮廓线画得十分有活力，很引人注目。这一长排庄重的神给人留下的印象很深。菩萨的内袍为棕色，裙为浅蓝色，披巾为浅绿色，色彩布局精美。菩萨画像复杂的饰物被处理成了浅浮雕，边上还镀了金。过道顶上用更明亮的颜色画着繁复的植物花纹，而内厅的顶上则画满了小场景，其细节难以辨认，但题材是传说中的故事。

　　石窟 Ch.VIII 只比 Ch.I 稍小一点，坐落在石窟群的中部，是我所考察的石窟中壁画最富丽、花样最繁多的。而且我们有大量的照片，所以对它我要说得多一些。内厅大马蹄形平台上曾有的雕像已完全缺失，只留下底座的少许残迹，而内厅的壁画则大部分完好地保存了下来，只在墙裙底部稍有缺憾。在中间主要佛像的底座前面是一座小佛塔，由泥块粗略地堆成，但底下也是三层方形底座，顶上是一个圆顶，与中亚的古代佛塔类似。雕塑平台的西侧，中间是一个连在石头上的巨大石屏，顶部向两边扩展，在与内厅墙的中楣同高的地方，形成了两个高高的悬臂。石屏正面画着成排的大菩萨像，双手合十，分布在原有中央雕塑的两侧。菩萨上方画着一个精美的华盖，华盖周围是菊花般的大花。石屏前原有的雕像肯定是一个迦楼罗，或是什么乘鸟的神，因为两排菩萨画像中间有一个浅浮雕的大尾巴的残迹。而且我还发现，小佛塔的圆顶上有一个泥塑的大鸟爪。沿平台的两侧可以看到随侍人物雕像的底座，南北各有四个。平台底下仍保留着它原来的彩绘浮雕装饰，浮雕可分成两层，高分别为1英尺8英寸和3英尺。平台前是一个后人造的粗陋的香案，以供人烧香。

窟顶形如一个被削平了顶部的锥形，最中间是平顶镶板。镶板分成两层，底下还有三层，都形如中楣，按透视法画了画。其中两层上画的是紧挨在一起的团花及小佛像，还有一个复杂的锯齿边。向上缩小的那几层上画着植物卷须。窟顶最中间的藻井约5英尺见方，中间是一朵大花，周围环绕着其他的花。倾斜的窟顶各面上都借助于模版画着成排的坐佛小像，除半被石屏遮住的那一面外，每面中间都画着一幅画，画中是一个俑坐在两个菩萨之间。窟顶底部的四角都挖空了，形成了椭圆形的突角拱，每个拱中都画着一个硕大的顶盔贯甲天王及其从者（图10）。

下面我们来说内厅墙上的绘画。除墙裙外，这些壁画包括：入口两侧的两幅大画；南墙和北墙上的5幅画，每幅画宽9英尺2英寸；整个西墙上的壁画长43英尺，石屏后面也有画。有一幅画的中间画着一个带项光的神坐在平台上（平台上铺着毯子），背后是一群双手合十的圣人。底下的一群人是一个王子和他的随从，正在做"右绕"仪式，王子前面是两排弓箭手和一群持供品的随从。它对面的墙壁上是配套作品（图12）。这幅画中间是一个无项光的王族人物，坐在精致的平台上。平台托在画得很好的云上，并似乎在移动，顶上还有个华盖。平台后面是一大群带项光的圣人和神，底下是一群正大步流星行走的随从。画两侧以及画上方有空地的地方画着很多小场景，显然是佛本生故事。

　　我不准备详细描述两侧墙上的10幅大画，它们大多数画的是一群神，中间的人物是佛，要么可以看出是极乐世界（因为有莲花池和天堂中的享乐场面等），要么周围是较小的礼佛场面和世俗生活场景，与佛本生故事中的场景类似。图10、13使我们看到这类画的构图。无须多说的是，它们无论在题材还是风格上，都与我们藏品中的大阿弥陀佛净土图有密切联系。图11壁画中画了不下11组神，每组中都有题榜，方便人们辨认人物的身份。这类带有当时解释性文字的画，对于研究中国佛教最盛时期的造像细节问题是很有价值的资料。整面西墙上画满了为数极多的小场景（图168），它们也能为我们提供丰富的信息。这些画甚至画到了石屏后面的拱形下，那里暗淡的光线必定增加了艺术家工作的难度。现在参观者欣赏它们也有困难。那里画的是各种世俗生活和寺院生活场面（旅行、劳作等），内容显然是传说，所幸题榜中大多写了题识，会有助于我们辨认它们的内容。

图 168　千佛洞 Ch.VIII 洞窟主室西墙蛋彩壁画 viii

这些大画高约11英尺，底下画了一条饰有精美植物的带子，带子下全都是彩绘的墙裙。这块墙裙也很值得我们注意，除了东墙的壁画 ii、xv 下的墙裙为8英尺高，其他墙裙高均为5.5英尺。西墙的墙裙纵向分成许多小部分，由于那里过道较窄，墙裙中的画被磨去了很多，画的似乎也是传说场面，可能是佛本生故事。

其他墙裙上则都画着成排的服饰华丽的女子，都端着水果和花等供品。根据我们对绢画中供养人的了解，从服装和发型上我们可以判断出她们是公元10世纪的人物。

但我们的注意力马上被吸引到东墙壁画ii、xv底下的墙裙上。那里画的女性都很有个性，此窟的女施主也包括在其中。出于这个原因，这块墙裙比别的墙裙高，人像比真人还大。在壁画xv下我们发现，几个女侍者前面画着一个佩戴很多首饰的女子（图12），她的头饰是所有女性中最华丽的。对这顶头饰我不想说得过细，只想请大家注意那硕大的球状顶冠（上面装饰着宝石等物），顶冠下面是两层头饰，也镶着宝石，挂着长串的珠宝。她右边是三个女子，一个比一个高，戴着类似的球状顶冠，但冠较小，几乎没什么装饰，显然是这位尊贵夫人的女儿或亲属。这位夫人右边、最小的女孩上边是一个题识。这组人物前面是三个保存得很差的男子像。男子穿红棕色的袍子，头发像和尚一样剃光了。内厅入口处，此墙裙对面的墙裙（ii号壁画下）与其是配套的，那上面画着五个男侍者，地位很高，其服装华丽但缺乏个性。他们前面是三位夫人，个子都很高，头饰十分醒目。右边的那位夫人也戴着镶珠宝的帽子，帽子上也垂着富丽的饰物，与xv下那个尊贵的夫人类似，但头饰底部没那么华丽。她左边的两个女子戴着无任何装饰的球形小帽。

我们一眼就认得出，上述这些人物是地位相当高的女供养人。令我十分高兴的是，蒋师爷读了上文的题识后告诉我，此窟是于阗的一位公主修的，她还让人在墙裙上记录下了这一善举。[1]但即便没有题识上的记载，这些尊贵优雅的人物也不能不使我想起遥远的西方另一位远为高贵的女供养人留下的壁画，我指的是拉瓦那著名的拼贴壁画。在圣·威塔尔的壁画上，我们看到的是女皇西罗多娜及其随从那极为豪华的排场。圣·阿波利那尔·诺瓦尔的壁画上，我们看到成队的圣人手持供品，就仿佛千佛洞很多石窟通道上画的那些庄严的菩萨是以他们为模特似的。尽管这些画面与造像并没有直接联系，但它们的相似性也可能并非出于偶然。近来学者们的研究越来越证明，西方的拜占庭艺术和中亚、远东的佛教艺术，其灵感源泉多少是从近东地区带上了东方风格的希腊艺术中汲取来的。

我们还没有描述 Ch.VIII 过道上的壁画，这样的壁画我在别的石窟过道上还未曾见过。北墙上的壁画 xvi 受损较严重，但仍可辨出中间是一个极高大的圣人正走在一顶伞下，前面是一些带项光的人物，后面则跟着一群穿灰袍的僧人。僧人有的双手合十，有的持供品。所幸对面墙上的壁画 i 保存得要好些（图88、89），它画得十分生动，其富丽的色彩，流畅的线条和宽广、深远的效

1　沙畹先生把题识翻译了过来，并解释了题识的历史价值——题识中提到了公主的父亲于阗王的称号和姓氏。伯希和先生在提到这个题识时指出，这位于阗公主嫁给了曹延禄。史书记载，曹延禄是敦煌公元10世纪时的一位高级长官。

果，使人奇怪地想起从前威尼斯画派的作品。[1]中间画的是一个佛，右手抬起，呈转法轮的动作。佛乘在一辆行在空中的车上，飞翔的神祇推着车的轮子。车后是两条华美的幢幡，其末端在风中招展。幢幡的白地上画着龙，龙身上是星罗棋布的小花。一群天宫侍者随侍在车的前后，其中两个手中持球，还有一个形如跃立欲扑人的鬼怪。上方的云画得很巧妙，云上是更多的精灵或圣人，均衣冠整齐，态度沉静，与底下正在运动中的人物形成对照，产生了令人赏心悦目的效果。佛的皮肤为深棕色，上身穿的袍子为浅粉色，边上镀了金，内衣为纯天蓝色。车也涂成鲜艳的蓝色和绿色，点缀着金饰。

前面说过，有两个侍者拿着球，空中还飘浮着其他球体，球中画着不同行星的象征物。这表明，此画画的是一个佛在星神的陪同下于空中经过。我们将它与另一幅绢画比较一下就看得出二者画的是同一题材，但绢画的构图要简单些，布局和线条也远逊于此件。此画中是否也画着炽盛光佛，他在空中经过有什么含意，这些问题我只能留给专家们去解决了。壁画上方是一个上楣，在浅浮雕的板上是泥雕的坐佛小像。顶部倾斜的底边上画着个富丽的帷幔，天花板中央画着鲜艳的花朵。

1　从颜色上来讲，各种深浅不同的蓝色和绿色用得特别多。部分由于这个原因，图88、89中的照片完全没有表现出颜色在深浅上的变化，甚至没能清晰地体现出轮廓线来。

从 Ch.VIII 到大坐佛像所在的那个石窟之间的崖上有数目相当多的石窟，但它们要么装饰得很简陋，要么因为后来盖了前厅，导致采光很差。大石窟 Ch.IX 是后来修复的，其入口比目前的地面高很多。在这个窟里，我只能拍摄下来过道南墙上画的成队的菩萨像，他们衣袂飘飘，服装为深棕色和绿色。关于底下几座后来修复的小窟，图19可以让我们窥其一斑，图中反映的是 Ch.X 的佛龛上修补得很糟糕的泥塑。Ch.XI 中的石板上写着公元14世纪的题识（这个窟与大坐佛像所在的窟都装饰着很古老的壁画，但由于窟前新添的建筑的遮挡，拍照很困难，甚至用眼睛看都相当费力）。Ch.XI 再往北是许多小窟，绵延得很长，分成了几层（图3）。但就我看来，其中没什么重要的装饰物。然后就是大立佛像所在的Ch.XIII，这尊佛像高达90英尺，壁画有几层楼高，看起来很古老，但照相机却无法将其拍摄下来。

但这个大窟约70英尺高的地方还连着一个小窟 Ch.XII，经过石头上开凿的难行的通道才能到达那里。这个小窟中的壁画比较有价值，但不幸的是已被香火熏黑了，有些地方已经剥落。窟中以前似乎有人住过。图169显示的是窟中的佛龛，里面有一个古老的坐佛像，而从者像均已坍毁。佛龛两侧的壁画比一般净土图更有活力（图170）、更仔细，画的是佛被簇拥在一群菩萨和神祇中间。南北的侧墙上各画着三幅净土图，其中有伎乐、复杂的天宫建筑等。但更引人注意的是壁画底下的墙裙（图171），其题材我在别的窟中都没有见过，似乎是取自当时的现实生活。南墙上

图 169　千佛洞 Ch.XII 洞窟主室佛龛内泥塑佛像及四壁和窟顶蛋彩壁画

图 170　千佛洞 Ch.XII 洞窟主室西北角蛋彩壁画

图 171　千佛洞 Ch.XII 洞窟主室南墙蛋彩壁画，上方为西天画面，下方为行进中的军队

画着乘马的大队士兵和显贵人物，旌旗招展，还有一小队穿铠甲的骑兵，以及吹着长号角、击着鼓的乐师。马的奔驰姿势各不相同，画艺精湛。北墙的墙裙受损较大，但有些地方仍可看出车、轿子和随车轿而行的随从，靠近小窟入口的地方还画着狩猎场面。佛龛下的墙裙上是描画细致的供养人和僧人像。从壁画高超的工

艺看，我们会觉得此窟年代较早，但供养人的服装则告诉我们，这些画是公元9—10世纪画的。

大立佛像以南的一组大石窟经过不少修复，原来的壁画要么多已荡然无存，要么就被前面添加的建筑遮得很暗，其中已经"现代化"了的 Ch.XV 大石窟中的石板上有公元776年和894年的题识。除此之外，我还想提一下 Ch.XIV 小窟，这个窟是为纪念"唐僧"玄奘而修的，他已作为一名罗汉被列入了中国佛教万神殿之中。图18中拍的是此窟的佛龛，龛中是泥塑的玄奘像，姿势如同入定的佛，还塑着四名从者。这位伟大的朝圣人前面塑着一个妖怪，一半像狗，一半像海豹，讨好地看着玄奘。尽管雕塑看起来是后人的作品，但把玄奘作为本窟供奉的神，应该不会是近期的事，因为过道和前厅墙上生动的壁画把他的取经随从分别画成了牛头和马头，还画了些传说中的取经故事（已严重褪色）。

这个石窟最南边的上方，是一个采光很好的大窟 Ch.XVI，其壁画装饰有不少特别之处。从整体布局、题材、风格上来看，它内厅的壁画很像 Ch.VIII，而细节上的某些特点（如笔法不够精细），都让我觉得它很可能是把圌公主的那个窟当作蓝本了。南北墙上画的也是众多的神祇和佛教净土场面（图172），而入口两侧墙上壁画的题材也与那个窟一致。但下面的墙裙有明显不同，画的不是公主和她的女侍，而是常见的那种成队的菩萨，涂成棕色和绿色。此窟的特别之处是它西墙上画满的壁画，这些画比较奇特，给人的印象很深。Ch.VIII 的西墙是众多杂乱无章的小场景，而此

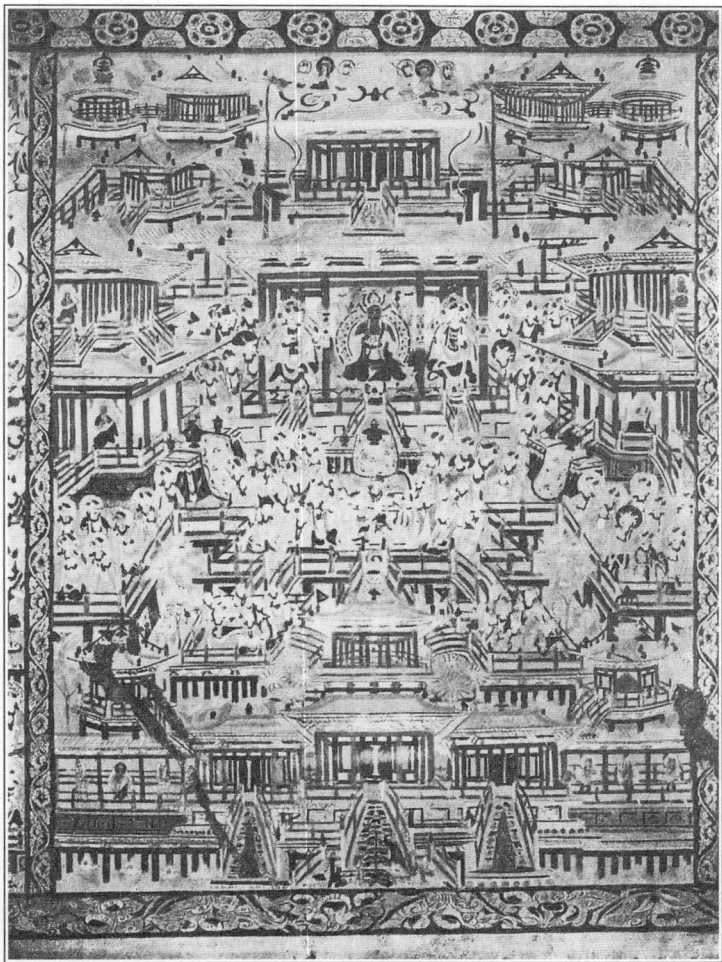

图 172　千佛洞 Ch.XVI 洞窟主室北墙蛋彩壁画

图 173 千佛洞 Ch.XVI 洞窟主室西北角墙壁蛋彩壁画

窟的西墙则画着一个传说故事，虽然也是由小场景构成的，却由两个主题串联在一起。之所以必须分成两个主题，是因为中央平台后的石屏遮住了壁画的中间部分，只有当人们施行"右绕"的仪式转到屏风后面的狭窄通道时，才能看见那一部分画。

这幅画的最醒目之处在于它的右半边十分真实而生动地表现出了大风天的场面（图15、173）。中间是一个帐篷状物（其顶上有个华盖），仿佛就要被风吹得倒向右边。"帐篷"中的人物无项光，衣饰华丽，身体前倾，似乎想抵挡住大风的劲吹，免得"帐篷"倒掉，而"帐篷"上的帘幕和华盖上的大流苏则在风中乱飞。一些长着胡须的从者正用梯子和木杆想把狂舞的帘幕和华盖安好，他们的头发和衣服都被风吹了起来。大风劲吹的效果还体现在左边的一些人物和事物上，右边则有一些旁观者，有的吃惊地观望着，有的正快步走上前去助一臂之力。右侧的边上和画面底下画的是与主体部分无关的小场景。

西墙左侧的壁画与右侧正好是一对（图14）。中间画的佛（或菩萨），庄重，安详，与左侧由大风引起的混乱场面恰好形成对照。这个人物穿的是地藏菩萨常穿的那种百衲衣，右手拿着把扇子，轻轻地扇着风。他头上精美的云朵托着一个繁复的华盖。这个神脚下和前面分别画着几组人物，动作都显得很痛苦，一个低垂着头，一个胳臂绑在了身后，还有一个悲哀的女子把双手伸向佛，求他施恩。顶上有口钟悬在木架子上，一个僧侣般的人物正要敲这口钟（右侧画的远处也有一口钟，但被大风吹在了空中）。不远处还有一个人举着手臂，似乎指点着右边发生的事。中央石屏后面的墙壁上画的也是被风吹着的人和事物。两侧条幅和下面的小场景与画面主体看不出有直接联系，但可以推断出，它们也与整幅壁画要表现的传说有关。

至于这个传说究竟是什么，我目前还说不清楚（疑为"劳度叉斗圣"——译者）。[1]人们必会在浩瀚的佛教神话典籍中发现它，这是可以肯定的，题识也会对此有所帮助。但无论如何，这个题材在本地必定广为流传，因为我发现，它在敦煌 Ch.VII 窟（图7）和万佛峡的一个石窟中再次出现了。这三幅壁画在总体布局和大部分细节上几乎一样，这使我猜想，它们大概是从极受人们喜欢的先前一幅画临摹来的，那位最早的设计者有相当高的艺术想象力和技巧。一边是轻摇羽扇的佛，另一边是狂风大作，摇撼着王者所在的"帐篷"，形成了鲜明的对照。由于我不知道它究竟画的是什么传说，也就无法判断出这种鲜明的对比是不是最早的那个画家所创，也无从知道这个传说之所以流行是否与敦煌多风的气候有关。

我对这几个洞窟的描述极不完善。我不能不遗憾地说，现存石窟中最古老并保存着原来壁画的那一个，完全没有被我注意到。

1　1913年彼得鲁奇先生在给我的一封信中说，他觉得自己在中国佛教典籍中已找到了能解释这幅壁画传说的踪迹。但他似乎未能把这一线索追踪到底，便不幸去世了。

图174 万佛峡洞窟 II 内殿东南墙展现的传说故事壁画

我指的是伯希和教授在第一次简略地描述他的探险活动时提到的那个窟——他给这个窟拍了两张照片。在照片下的说明中，他说此窟属北魏时期，年代约相当于公元500年（图174）。从照片上可以看出，这个窟中的泥塑与云冈和龙门石窟的雕像风格很接近，所以说它是北魏的作品应该没什么疑问。我手头没有对此窟的任何文字描述，但据我判断，这个早期石窟应该在高崖之上。通向那里的木廊朽坏了之后，人们就很难进去，这样就使它免受了破坏，也没有被修复过。

但除了这些地方，人们在千佛洞可能还会有重大发现，因为主要石窟群两侧山崖下的流沙还没有被清理过，现存壁画也没有被仔细考察过，不知道其后面是不是还覆盖着古代的作品。这类工作以及认真研究已有文物的工艺、年代顺序等，需要多年的努力才行。我充分意识到，同艰巨、浩大的任务相比，我三个星期的逗留时间是多么少。我对千佛洞及其宝藏的描述就到这里吧。